就実大学 グローカルブック

VUCA世界における日本の選択

就実大学 経営学部 編

GLOCAL BOOK

VUCA《ブーカ》世界における日本の選択

就実大学経営学部編

本書は、２０１８年11月3日（土）、就実大学１１０周年記念ホール（S館１０２）で開催された就実グローカル・フォーラム２０１８「VUCA世界における日本の選択」を収録しています。

ＶＵＣＡ世界における日本の選択

目　次

開会の辞…………5
松田　久（岡山ＥＵ協会会長）

基調講演1　ＶＵＣＡ世界〜ＥＵ・ＢＲＥＸＩＴの視点〜…………7
ビル・エモット（元エコノミスト誌編集長、就実大学客員教授）

基調講演2　ＶＵＣＡ世界〜アメリカの視点〜…………23
グレン・Ｓ・フクシマ（元在日米国商工会議所会頭、京都大学客員教授）

基調講演3　ＶＵＣＡ世界〜日本・アジアの視点〜…………41
出井伸之（就実大学特任教授、元ソニー株式会社会長、クオンタムリープ株式会社代表取締役ファウンダー＆ＣＥＯ）

パネルディスカッション　ＶＵＣＡ世界における日本の選択…………67
ビル・エモット（就実大学客員教授）
グレン・Ｓ・フクシマ（元在日米国商工会議所会頭、京都大学客員教授）
出井伸之（就実大学特任教授、元ソニー株式会社会長、クオンタムリープ株式会社代表取締役ファウンダー＆ＣＥＯ）
総合司会　杉山慎策（就実大学副学長、経営学部学部長）

閉会の辞…………115
晝田眞三（岡山県中小企業団体中央会会長）

開会の辞

岡山ＥＵ協会会長　松田　久

ＥＵ協会の会長の松田でございます。今日は岡山ではなかなかおいでいただけない先生方においでいただいて、ＶＵＣＡをテーマとしてお話をいただくことになっております。最初に杉山先生からＥＵ協会は共催なので開会のご挨拶をするようにと言われまして、「ＶＵＣＡ」とはいったい何なのか、実は知らなくて、ウィキペディアで調べましたところ、２０１４年頃からすでにダボスの会議等の世界会議で使われていた言葉だということで、そんなに前から使われていたんだと改めて再認識しました。その意味は、当然今の世の中を現すようなＶＵＣＡ（Ｖはヴォラティリティ＝不安定、Ｕはアンサーティンティー＝不確実、Ｃはコンプレックス＝複雑、Ａはアンビギュイティ＝不明確）が提言されていたわけで、なるほどそうだなと。確かに今は時間よりも早く世の中が動いているような中で、いろいろな地域でいろんな権力が、あるいはいろんな経済的な重みや技術的な動きが知らないところでどんどん膨張しているといいましょうか、先に先に進んでいるという世の中で、いったいこれから私たちはどうやって生きていくのかと考えたときに、なかなか明確な答えが出てこないわけです。

そう言ったとき、今日は世界から就実に集まっていただいた先生方のお話を聞くことによって、いくばくかの答えが見いだせればいいかなと思います。恐らく今日の話は多岐にわたると思いますので、非常にするどい、政治の話も含めて、あるいはそれが及ぼす経済の話、あるいは経済が政治に及ぼす話であったりと、いろいろと入り混じった話が聞けるのではないかと思います。世界でご活躍中の先生方からお話を聞くということで、皆さんと共に最後まで楽しんで聞きたいと思いますのでよろしくお願いします。ありがとうございます。

基調講演1

VUCA世界～EU・BREXITの視点～

ビル・エモット（就実大学客員教授）

ビル・エモット(BILL EMMOTT)
元エコノミスト誌編集長・就実大学客員教授

1956年イギリス生まれ。80年に英エコノミスト誌ブリュッセル支局に参加。ロンドンでの同誌経済担当記者を経て83年に来日。東京支局長としてアジアを担当。86年に金融担当部長として帰国。その後ビジネス部門編集長となり、1993~2006年、同誌編集長を務める。1989年、日本のバブル崩壊を予測した『日はまた沈む』がベストセラーに。2006年には日本の経済復活を宣言した『日はまた昇る』が再び話題となる。2016年4月旭日中綬章受章。

【著書】『日はまた沈む』草思社(1989)、『日はまた昇る』草思社(2006)、『アジア三国志』日本経済新聞出版社(2008)、『西洋の終わり:世界の繁栄を取り戻すために』日本経済新聞出版社(2017)他多数

就実大学にまたこうして客員教授としてお招きいただき、２０１８年グローカルフォーラムでお話しさせていただけることを大変に光栄に、またうれしく思っています。本フォーラムは今や岡山の伝統になってきました。この度も就実大学副学長、経営学部学部長の杉山先生にご招待をいただき、客員教授としてお迎えいただきましたことにお礼を申し上げますとともに、このように素晴らしい経営学部を立ち上げ、育て上げてこられましたことに敬意を表します。

ビジネスとはいつの時代もＶＵＣＡ

今は世界中の企業にとって厳しい時代です。これだけの量の変動性、不確実性、複雑性、曖昧性に経営陣、投資家は対応していかなければいけません。しかし、ひとつはっきり申し上げます。ビジネスとはいつの時代もそういうものです。

ＶＵＣＡ（ブーカ）はビジネスをやっていく以上常に存在する現実なのです。それ以外のあり方はあり得ません。なぜなら、どんな企業でも投資の決定と環境対応は非常に重要な仕事であり、それはすべて将来のためです。将来がどうなるかなんてことはだれにもわかりません。未来のことは常に曖昧で、複雑で、不確実です。それゆえに変動が大きいのです。それだからこそ企業にとってチャンスでありますが、またリスクでもあります。

経営のトップがどの時代でもしなければいけない重要なことは、自分たちの業務の各計画フェーズにおいて変動性、不確実性、複雑性、そして曖昧性は一番何に起因しているのかを明確に把握することで、その後はそのような課題に直面したときにレジリエンス、しなやかな復元力を持てるように会社のポジショニングをし、このような変化から発生するチャンスを活用できるようにしていくことです。

変化もなく、イノーベションもなければ、企業は死滅します。なぜなら、動きもなく、変化もしない企業は顧客に奉仕し、喜ばせるというその基本的な業務において、やがて期待に応えられなくなります。顧客のニーズや好みは変わります。それらに代わる代替のものも変化し、生きている環境も変わります。

ですから、偉大な経営思想家であった故ピーター・ドラッカー氏が言ったように、もし「すべての企業の根本的な目的が顧客の創造」であったとすると、その企業の必須のタスクは「顧客自身の変化する状況に常に適応していくこと」になります。

世界経済の現状は悪くない

２０１８年の今、不確実性、つまり、企業がこのような基本的なタスクを遂行していなければいけない特別に困難な環境があることついてよく話題に上ります。しかし、私のヨーロッパ人としての観点から見れば、異常に不確実であるとか、異常に困難なビジネス状況というとき、注意が必要であると思います。

確かに、今の状況には本当に異常と思えるような要素はいくつかあります。しかし、変動性、不確実性、複雑性、曖昧性の根源にある多くのものはかなり当たり前のものが多いのです。１９９８年[1]もそういう状態でありましたし、２０１８年もそうです。もちろん、技術革新があり、厳しい国際競争があり、そして気候変動、政治的緊張の原因に起因するものがあります。しかし、これらすべてのものは過去にもありました。実際、２００８年と比べると、今の状況の方がもっと穏やかで、明快で、シンプルなように思えます。

結局、世界経済の現状を見るとき、少なくとも公表されているデータによるとビジネス環境は10年前よりかなりいいし、かなり健全なのです。

世界の主要国の経済成長率のリストを見てみると、毎週エコノミストが発表する40あまりの国のリストとかでもよいのですが、そういうリストを見てびっくりするのは、現在どの国であれ、一国たりともマイナス成長をしている国がないのです。中国、インドの新興国の市場は言うに及ばず、民主主義の先進国の市場も拡大しています。恐ろしいことになるという話も予測されていましたが、技術開発が進んでいても、技術の進歩による大量の失業は発生していません。ほとんどの産業においては、技術革新は受け入れ、利用する必要があります。技術革新が破壊的であると実証されているのは、ほんのわずかの業種だけです。その一つが小売りです。

過去40年のどの時期と比べてもインフレ率は極めて低いままです。失業率も低い

1. 1998年は長野オリンピックの年であったが、金大中氏は韓国の大統領に就任し、インドネシアのスハルト大統領が辞任し、北朝鮮のテポドンが発射され三陸沖に着弾した。グーグルとテンセントの設立された年でもある。

状態にあります。政府の借り入れコストも200年以上の期間の間で最も低いレベルです。民間、企業の借り入れコストもまた低い。ベネズエラとアルゼンチンを除いて世界中ほとんどすべての国でこの状況です。本当に乱高下している国は例外であって、標準ではありません。

2008年世界金融危機以降の動き

それに比べると、2008年の世界金融危機[2]は私たちの人生の中で経験したVUCAショックの最たる例です。金融市場は一番激しい動きをしました。1930年以降のどの時期と比べても、銀行の救済、破たんの数は過去最高でしたし、民間の倒産も過去最高、貿易、生産高も最もひどく減少しました。あの変動性と不確実性は本物で、非常にショッキングでした。

2008年からの10年間の回復は、ゆっくりとしたペースで、しばしば困難を伴うプロセスでした。ヨーロッパではそのプロセスは、北米、アジアと比べて、さらにゆっくりで、もっと多難で、実にリスクが大きかったです。

この10年間で、ほとんどの西欧の国々はアメリカのように1回の酷い景気後退に苦しんだばかりではなく、景気後退を2回経験しました。まだ2007年レベルまで経済産出量、及び世帯所得が回復していない国もわずかにあります。その最も良い例がイタリアです。イタリアはEUでは4番目の経済規模を有しています。ドイ

2. 一般的に「リーマンショック」と言われる。リーマンブラザーズの負債総額は6000億ドル（約64兆円）にのぼり、2008年10月15日にはダウ・ジョーンズは1日で7.87%下落した。2008年の1年間でダウ・ジョーンズは33.8%下落した。

ツ、フランス、イギリスに次いでの4位です。またユーロ単一通貨を利用している国の間では3番目の大国です。

ユーロ単一通貨は１９９９年に導入されました。１９４５年以来の国際的通貨の取り組みとしては、恐らく近代史の中でも、最大の実験です。この導入は、１９９９年に採択した11カ国、そして現在利用している19カ国にとっては、為替の変動や、取引にかかる交換のコストをすべて取り払われ、企業にとっての変動性、不確実性、複雑性そして曖昧性を低減しようというものでした。

最初の8、9年はその目的を果たしました。そしてそれは広く成功であると賞賛されました。しかし、ユーロを利用している国で金利が以前よりかなり低く収斂《しゅうれん》したことにより、いくつかのヨーロッパの国、特に、スペイン、アイルランドやギリシャで単一通貨がバブル経済を作ってしまいました。世界金融危機がアメリカから始まり、信用拡大に終わりが来たときこれらのスペイン、アイルランド、またギリシャのバブルがはじけました。

その結果、これらのヨーロッパの国で銀行が次から次へと危機を迎えたので、国内の経営難に陥った銀行の救済に、また経済支援のために、各国政府は政府自身が大量の借り入れをせざるを得ませんでした。この状況は日本の１９９０年代に似ていました。ただ一つ決定的な違いがあります。これらのヨーロッパの国は単一通貨を共有していたので、これらの国の政府の借り入れは日本と比べるとはるかに国際的な性格を持っていました。日本銀行が新規発行した国債を買い始める前から、ほとんどの日本政府の借り入れは国内の投資家からのものでした。しかし、ヨーロッパでは通貨同盟が実際には各国間の貸し借りを推奨していましたので、状況が全く異なります。最初はこれは素晴らしくうまくいきました。が、危機が訪れ、貸手と借手の間の信頼が酷く傷つけられました。

その結果、２０１１年以降、甚大な欧州債務危機が起こり、いくつかの欧州の国、すなわちギリシャ、スペイン、ポルトガル、アイルランド、そしてイタリアの支払能力が疑わしくなってきました。

全く想定してないことが起きていました。借手も貸手も最も安全だと思っていた債券、欧州の先進国政府の国債が、ある日突然ハイ・リスクとなったのです。それらの国の国債を大量に保有していた金融機関は、保有債券の価値の崩壊を経験したのです。それはその国の政府が国債を国有化するかその他の手段で銀行の救済をしなければいけないことを意味しました。それによりすでに多額の政府債務がさらに膨れ上がり、悪循環、「絶望のループ」として知られるようになりました。

これは劇的な変化でした。これにより企業は計画したり、投資したり、欧州連合の中での会社のポジショニングが非常に困難になりました。変動性や不確実性を低減しようと努力していた通貨同盟がまさにその問題を起こす張本人になってしまったのです。そのうちに、欧州の国の間で政府債務や自国の金融制度の救済のためのコストを巡って国家間の緊張が高まり、国際的にも、また国内的にも、大きな分断が起きました。

政治的不確実性が経済に及ぼす影響

そして２０１８年の今、欧州圏の経済は健全になってきたように見えます。金融制度は強固になったように見え、失業率が下がりました。

しかし、ヨーロッパの現状に関して、またヨーロッパの視点から見て大変に珍しいことが起きています。政治問題です。

多くのヨーロッパの国の国内政治、欧州の国同士の間で、特に私の国イギリスとＥＵのその他の27カ国の間の関係を巡る「国際政治問題」です。今イギリスは来年の３月末に始まるＥＵ離脱プロセス[3]のための交渉を行っています。平和的な欧州連合と、欧州を取り囲むもっと敵対的で不安定な国との間での国際政治の緊張が起きています。ロシア、ウクライナが東にあり、シリア、トルコ、その他の中東の国が南にあり、リビア、アルジェリア、北アフリカが地中海の反対側にあり、難民、経済移民が地中海を渡って、また地中海沿いに移動して到着しています。

そして最後に欧州と、欧州と最も近い同盟国のはずの、ドナルド・トランプの米国の間の怒れる貿易と安全保障の政治問題があります。それに加えて、現在進行中の世界の２大経済大国、アメリカと中国との間の貿易紛争が最終的には欧州に、ひ

3. 一般的に Brexit と言われる。2016 年 6 月の国民投票で 2019 年 3 月 29 日にイギリスは EU から離脱することになった。

いては、世界経済全体に害を及ぼすのではないかと心配しています。

そのような政治的に作られた変動性、不確実性、複雑性、曖昧性がもたらす困難さは、企業がそれについて自分たちはどうするか、それに対してどのように反応するのか、政府とどのように関わり、長期の投資をどのように位置づけるかなどを企業は決断しなければなりません。

過去2年間の株式市場の状態、また経済自体の状況から判断して、全般的に企業はそのような政治的不確実性は自分たちにとってはさして重要な問題でないと思っているように見えます。物事は順調です。政治は政治家にとって、あるいはジャーナリストや有権者にとって、大きな関心事ですが、企業の幹部は政治そのものにはそれほど関心がないのかもしれません。

実際私の経験では、企業の幹部は自分の業界の規制に影響力を行使する必要があるとか、自社製品やサービスを政府関連の機関に売り込みたいという時以外は、できるだけ政治を無視しようとするものです。当然のことながら、企業は安定や継続性を変化よりも好みます。ですから、多国籍企業は強力で、専制的政権の国での事業に満足することが多いのです。そのような政権のもとでは、嫌われたり、あるいは政権が転覆させられることがない限り、長期計画を作るのがより容易なのです。

現在の欧州におけるＶＵＣＡの懸念事項とは今はこういうものです。懸念とは、政治がそして政治的不確実性が単に雑音として聞こえてきても安心して無視することができるものなのか、あるいは、市場や法律が事業に損害を与えるほど、大きく変わってしまうリスクがあるのかというところに経営者の本音があるのです。

米中の貿易戦争が最大のビジネスリスク

それでは、これから私が考える現在の欧州における政治的混乱にはどのようなことがあるのかを考え、ビジネスの観点から評価をしていきましょう。

明らかに現在進行中の米中の貿易戦争が最大のビジネスのリスクです。それはこの戦争が今のビジネスが稼働している条件を変える可能性があるからです。

ある企業にとっては、チャンスにもなります。アメリカと中国での生産コストに関税が掛かるので貿易が米中から離れることになれば、他の国の会社がその結果、マーケットシェアを伸ばす可能性はあります。しかし、そのようなチャンスは少なくともヨーロッパに関しては、かなり限定的です。私たちにとって、もっと心配なのはこの貿易戦争が、両国以外の世界の貿易システムに及ぼす影響です。特に規則や、紛争解決の取り決めをしてくれ、皆が頼りにしている世界貿易機関（ＷＴＯ）[4]への影響です。

私たちヨーロッパ人は、トランプ政権が世界貿易機関を解体するとか、破壊しようと画策しているのではないかと深く心配しています。ですから私たちは政治面でも、ビジネスの面でも、ＷＴＯを守るために日本のような他の国との同盟や協力関

4. WORLD TRADE ORGANIZATION（WTO）。第二次世界大戦後の自由貿易を推進する GATT（General Agreement on Tariffs and Trade。1947 年設立）に代わり 1995 年に設立された。

係を模索する必要があります。

トランプ大統領が関わっていくと決めたその他の戦いによってもまた欧州のビジネスは影響を受けます。特にオバマ政権と欧州連合が一緒に交渉したイランの核合意からの離脱があります。ヨーロッパの会社は米国の対イラン制裁の対象にされていて、もしイランでビジネスを続けるならアメリカに罰せられてしまいます。欧州連合自体がイラン核合意を支持し、その合意に署名した当事者であってもです。治外法権は企業には大きなリスクを意味します。

欧州周辺の政治不安がもたらすリスク

欧州とその周辺国の間の多国間の政治不安もまた企業にとってリスクです。ロシアのクリミア併合、ウクライナとの戦争に対する制裁により、ロシアと貿易をしたいと思う欧州の企業は影響を受けています。取引関係を再開したいと思っていた、特にイギリスの会社は、今年の初頭に小さなイギリスの町、ソールズベリーで起きたロシア諜報機関による使用禁止の化学兵器を使った、元ロシア・スパイ、セルゲイ・スクリパリ氏の殺害未遂により、損害を被っています。この非道な暴挙により一人のイギリス市民が巻き添えになり、死亡しているので、まだこれから数年はロシアとの関係は凍結されたままとなるでしょう。

サウジアラビアとも同様の状況です。サウジアラビアのジャーナリスト、ジャマル・カショギ氏がイスタンブールのサウジ総領事館で斬殺されたからです。殺害が暴露されて、多くの欧州の企業はサウジアラビアとの繋がりを切らざるを得なくなっています。このようなビジネスのリスクは現代の技術革新を反映しており、ICT革命のお陰で、トルコ政府は事件について知り、暴露することができ、また世界の情報の流れが自由なので、すぐに世界中にこの情報が拡散しました。

地中海を渡ってくる移民の流れと、北アフリカと中東の不安定な情勢は企業にとってそれほどの懸念材料ではありません。企業は避けようと思えば、この二つの問題を避けることができます。しかし、この結果起こる国内及びヨーロッパ域内での政治的問題では状況が異なってくるかもしれません。

EU域内で新たな分断の動き

現在の欧州各国の国内の政治情勢や、欧州連合内における各国間の関係は2008年の金融危機の直接の影響を受けています。ポピュリズム、ナショナリスティックな政治勢力の台頭はヨーロッパの古い政治の主流に対する憤りと幻滅を反映しています。アメリカのドナルド・トランプの選挙の時と同じです。ほとんどの欧州の国で、ポピュリズムとナショナリズムの政党が野党の少数派政党の中で力を持つようになったのは最近のことです。しかし、英国とイタリアの2カ国ではこのような政党が政治に対して影響を拡大して来たので、企業の意思決定においても影響があります。

英国が欧州連合を離脱すると決めたのは、２００８年の金融危機の際のストレスと直接関係があります。そして現在の遅々として進まない、そして不確実な離脱交渉が新たなストレスを生み、すべての国の企業にひどい不確実性を及ぼしています。英国に工場を持つ日本企業も同じです。このような状況の中で、政治が高度に不安定化しています。今後数か月の内にもう一度総選挙をしなければいけない可能性も大きいのです。そうなると英国史上最も左派の首相が誕生する可能性もあります。あるいは英国が分裂する可能性もあります。企業にとってはどれも非常に重要なＶＵＣＡの問題です。

イタリアに関しては評価がさらに難しいです。政府債務がＧＤＰの１３０％であること、また20年間低成長であることにより、銀行業界が弱く、世帯所得が伸びていません。この状態は他国にとっても危険なものです。そしてイタリアの有権者は生活水準がおちていることに対して怒っています。３月の総選挙で、２党による新しい連立政権ができました。彼らはイタリアにも、そして欧州連合にも急進的な改革をすると言っています。これはよいことかもしれません。一方で、金融危機を引き起こし、ＥＵ域内に新たな深い分断の時代が訪れるかもしれません。

これらが欧州のビジネス・リーダーたちにとってのＶＵＣＡの特徴です。経済は健全に見え、技術革新のより新しい可能性が創出されています。しかし、政治により新しいリスク、不確実性が生まれています。米中の貿易紛争を特に心配しています。しかし、私たちには国内の政治問題、特にBrexit、またイタリアの新しい急進的政府に関する懸念もあります。

私たちからすると、日本の企業の状況はずっと穏やかで、予測可能性が高いように見えます。しかし、それも私たちの誤解かもしれません。今日皆さんとのお話で私もたくさん勉強させていただきたいと思います。ご清聴ありがとうございました。

基調講演2

VUCA世界～アメリカの視点～

グレン・S・フクシマ（元在日米国商工会議所会頭、京都大学客員教授）

グレン・S・フクシマ(GLEN S. FUKUSHIMA)

米国先端政策研究所上級研究員(Senior Fellow, Center for American Progress)、元在日米国商工会議所会頭、元米国大統領府通商代表部通商代表補代理(日本・中国担当)。

カリフォルニア州出身の日系三世(1949年9月9日生まれ)。慶応大学(1971-72年)留学、フルブライト研究員として東京大学法学部(1982-84年)での研究ならびに、英字新聞社、国際法律事務所での勤務を含め日本には20年以上滞在。

外交評議会委員、アジア・ソサェティ(ニューヨーク)国際審議委員、ボストン日米協会理事、北カリフォルニア日米協会理事、全米日系人博物館幹事、米日カウンシル評議員、経済同友会幹事、東京ロータリークラブ会員、慶應義塾大学特選塾員、米国国立肖像画美術館理事などを歴任。

著書には『日米経済摩擦の政治学』朝日新聞社(1992)第九回大平正芳賞受賞(1993年)、『変わるアメリカ・変わるか日本』世界文化社(1993)、『2001年、日本は必ずよみがえる』文芸春秋(1999)他多数

ただ今ご紹介いただきました、グレン・S・フクシマと申します。本日は就実グローカル・フォーラム２０１８にお招きいただきまして、ありがとうございます。大変光栄です。

本日は、「VUCAとアメリカ」というテーマで30分ほどお話ししますが、前もって2点ほどお許し願いたいことがあります。第一点が言葉です。私はアメリカ国籍の日系3世ですので、母国語は英語です。ですから、本来でしたら英語で話す方が的確に、かつ簡潔に話ができるだろうと思いますが、時間の関係もありますので、今日は拙い日本語で話をさせていただきます。第二点は、私は今、アメリカのワシントンD・Cにあるシンクタンクの米国先端政策研究所というところに勤めています。アメリカではワシントンD・Cとサンフランシスコに家を持っているわけなのですが、育ちがカリフォルニア、大学院と仕事が東海岸ということで、西海岸と東海岸でしか生活したことがありません。ハーバード大学の大学院生のときの8年間、アメリカ大陸を車で5回往復しました。ですから、アメリカの多様性あるいはアメリカがいかに広い国かということは体験していますが、実際に生活したのは西海岸と東海岸だけですので、そういう意味では、今のアメリカの非常に複雑な分断された社会を私が本当に十分理解しているかどうかということに関しては、自分でも疑問に思うこともあります。

前置きはそのくらいにさせていただきまして、本日は、英語の一枚紙のレジュメに沿って30分ほどお話しをしたいと思います。

混乱した世界でポピュリズムが台頭

「ＶＵＣＡ」という概念ですが、皆さんご存知だと思いますが、１９８０年代の終わり頃、経営学の専門家[5]の先生たちが、非常に複雑に変動をしている国際ビジネス環境の中でこういう概念を紹介し、その直後に冷戦構造が崩壊する中で、アメリカの防衛大学校みたいな所で軍事戦略立案の一つの要因としてＶＵＣＡという概念を活用したという背景があります。特にこの数年間を考えますと、２０１６年のブレグジット（Brexit）、あるいは２０１６年のアメリカ大統領選挙によって全く想定外の結果が出て、先ほどもエモットさんの話にあった２００８年の金融危機による非常に混乱した状態、そういう環境が経済面でも政治面でも登場してきて、レジュメに書いてありますようにロシア、中国、トルコ、サウジアラビア、ドイツ、ハンガリー、ポーランド、オーストリア、イタリア、ブラジル、おそらくフィリピンも追加してよいのだと思いますが、非常にポピュリズム、ナショナリスティックなリーダーが登場してきたというそのような状況が世界中にあるわけです。一つには冷戦構造の中では、ある意味で非常に単純な二極、アメリカとソ連という白黒がかなりはっきりしている安定的な秩序があったのが、冷戦構造の崩壊と市場化、グローバル化の中で、世界が複雑になってきたと言えると思います。

5. 南カリフォルニア大学の教授であるウォレン・ベニスとバート・ナナスが1985年の“LEADERS”（『本物のリーダーとは何か』海と月社（2011））で述べた社会の変化を表すことばに由来する。

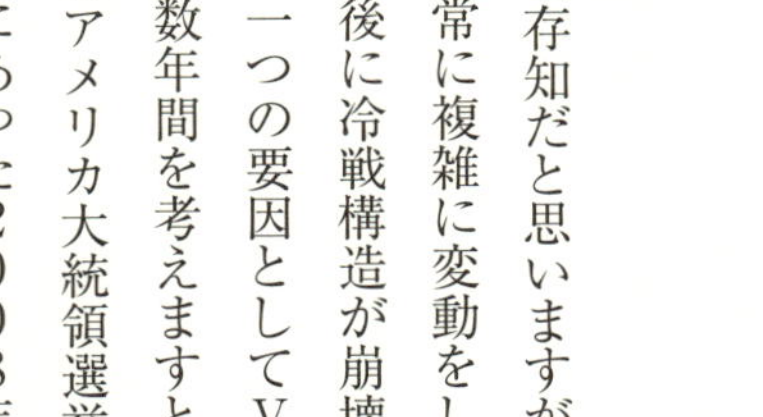

その中で、日本は他の先進国と比べてそれほど激しいポピュリズムがないということがよく指摘されるのですが、これについてはいろいろな説があると思います。私は三つほど要素があると思います。一つは、他の先進工業国と比べると、日本は極端な経済的格差がないということ。格差があることはあるのですが、他の先進工業国のような極端な格差がない。例えばアメリカでよく言われているように、大企業のトップと新入社員の所得、収入のギャップというのが日本の何十倍もあるわけです。ですから、そういう格差が日本では相対的にないということが第一の特徴です。二つ目には移民。今、外国人材の導入についての議論がありますが、相対的に考えると他の先進工業国と比べると移民の数が少ないということで、市民には自分の職が外国人によって奪われているという感覚があまりないということです。そういう二つの要素と、三番目として、やはり政治的に割と安定政権であり、安倍総理自身が、どちらかというと強いナショナリスティックな指導者だと見られることが多いということ。そういういくつかの要素があって、日本の場合は、他の国に比べると、ポピュリスト的な動きがないと言えるのではないかと思います。

いろいろなＶＵＣＡの要因、本来なら「継続性」、「安定性」、「予測可能性」、「連続性」がない中で、先ほどエモットさんが言われたように、ビジネスマンの世界ではいつでもこういう不確定な要因の中で仕事をしないといけないのですが、特に政治のことを考えると、この数年間というのは、かなり変動が激しくなったと言えると思います。その中で一つ、技術の役割というか要因があるのではないかと思います。ＳＮＳ、インターネット、フェイスブック、グーグル、インスタグラム、ツイッターも含めていろいろな技術の発展によって情報が非常に素早く世界中に出回る。正確な情報が伝わればいいのですが、２０１６年のアメリカ大統領選挙の例を見ても、いわゆるフェイクニュースが出回っていて、民主主義にとっても決していいことではない。そういう技術が社会に大きな変化を与えているということだと思います。このＶＵＣＡに対しては、もう少し後で詳しく申し上げたいと思います。

アメリカの現状—社会の分断

今のアメリカ社会の現状について簡単に申しますと、おそらく一番目立つのは「アメリカ社会の分断」だと言えると思います。これについては、私がレジュメに10項目挙げていますが、一つは地域ということ。先ほど申しました選挙の結果を見ますと、民主党寄りの地域は西海岸・東海岸にあり、共和党寄りの地域は中西部・南部という大まかな傾向を示しています。もう一つは都市対地方。三つめは男女の格差。四つ目は人種。多くは白人への批判ですね。5番目は宗教。これはキリスト教対ユダヤ教対イスラムというふうに、宗教面での対立や摩擦。6番目は年齢。これは世論調査等を見ても、いわゆるミレニアルズ（Millennials）と呼ばれる20代、30代のアメリカ人の意識と40代以上のアメリカ人の意識は、相当にいろんな面で違うという結果が出ています。７番目は性的アイデンティティです。一般にＬＧＢＴと言われる要因です。８番目は、先ほど申しました経済的な格差。富や所得に関する富裕層対貧困層。９番目は教育の格差。10番目が政党。例えば、トランプ大統領の支持に関しても、世論調査を見ると、８割以上の共和党支持者たちはトランプ政権の政策を支持していますが、民主党支持者の８割から９割ぐらいはトランプ政権の政策に反対しているという、かなり極端に二極分化をしているということが言えると思います。

トランプ大統領を生んだ四つの変化

私はヨーロッパやアジアの国にしょっちゅう出張しておりますので、２０１６年の選挙結果に関して、「アメリカが本格的に変わったのか」という質問をよく受けます。私がいつも言うことは、２０１６年の選挙というのは、実は、クリントン候補の方が一般投票では３００万票近くトランプ候補を上回ったということです。そして、この前の選挙結果を決めたのは7万7千票ということなのです。要するに、ミシガン州の1万票とウィスコンシン州の2万2千票、ペンシルベニア州の4万5千票。この7万7千票の結果で、三つの州の選挙人46人が全部トランプ候補に投票して選挙人の数で彼は勝ったということなのです。このように考えると、私は決してこの前の選挙によってアメリカが本格的に国としてガラッと変わったとは思わないのですが、ただ、トランプ候補のような人が大統領に選ばれることができた環境というのは、多分この30年、40年ぐらいの間のアメリカ社会における否定できない変化を反映していると思います。

その変化がどういうものかと言いますと、大きく分けて四つあります。一つは経済。特に2008年の金融危機の結果もありますが、遡って見ると、その前から所得あるいは富の格差というのは相当拡大しているという、そういう経済に対する不満がアメリカ国民の間で相当広がっている。これはマクロデータという経済データで言うと、例えば2009年にオバマ大統領が就任した時期と2016年を比べた場合、マクロ的にはアメリカ経済は相当良くなっているのです。成長率からみてもかなり高い成長を維持していますし、失業率でも4%、今は3・7%まで下がっていますし、あるいは、2009年の時点では金融業界、自動車産業、住宅産業も非常に危機的な状況だったのが、オバマ政権の時に相当改善してマクロ的には良くなっていたのですが、賃金は上がっていない。特に若者が非常に高い授業料のために借金をして大学へ行く、その借金を返済するのは結構大変だと思います。そういう個人レベルの経済に対する不満あるいは不安が相当高まったという現象があると思います。

二つ目としては、これはイデオロギーと言ったらいいですか、アメリカにおける市場主義に関する考え方に起因する問題です。アメリカだけではなく多分ヨーロッパでもそうだと思いますが、市場にすべてを任せるという考えが段々浸透して、市場の失敗ということをあまり認めない政府が誕生し、政府の役割そのものを否定し、規制を緩和する、あるいは撤廃する。私もビジネスを22年間やっていましたので、この考え方が市場に対して非常に重要な機能を果たすとは思うのですが、金融業界における規制、環境に対する規制、そういう規制を撤廃するということによって、個人から見ると、特に投資家とか従業員から見ると、自分たちの立場が弱くなる。アメリカで労働組合の力が相当減っているということも一つの要素だと思いますが、政府の役割が極端に減っているということによる一つの不安が、アメリカで結構あるということが言えると思います。

三つめは政治なのですが、分断しているアメリカ社会を反映しているという意味で、共和党と民主党が特に議会で協力し、あるいはお互いに妥協して、新しい法律を作るということが、30年ぐらい前と比べると相当減ってきて、大きく対立していてお互いに妥協をしない。ある意味では機能不全に陥っているというふうに、特にワシントンの外のアメリカ人はワシントンがもう末期状態だと考え、本来なら仕事をしないといけない政治家たちがきちんと仕事をしていないというワシントンに対する不信感、あるいは不満というのは相当高まっているようです。ですから、トランプ候補が大統領になれた一つの大きな理由というのは、実は彼にはワシントンでの経験が全くない、政治の経験もない、政府の経験もない、政策の経験もない、軍の経験もなくて、成功したビジネスマンというイメージだったわけです。ですから、むしろワシントンに汚染されていない、そういう人がワシントンに来て改革をしてくれるという期待をして、彼に投票した人も結構いると言われています。それが政治面での問題です。

四つ目は人種なのですが、これはオバマ候補が大統領になったということで、歴史的に非常に意味が深い。２００８年の選挙の結果から、２００９年にアメリカに黒人の大統領が誕生しました。ある意味では、これによってアメリカにおける人種問題はもう解決済みだと考えている人が結構いるんですが、それが誤算だったとも言えます。実はオバマ大統領は、２０１６年の選挙の直後に、「ひょっとしたら私は20年ぐらい早過ぎたかもしれない」ということを部下に言っています。その部下が書いた本にもそのように書かれています。特に戦後のアメリカにおいて、人種問題というのは相当改善してきて、投票権や教育における平等や環境づくりとか、いろんな意味で黒人の権利、あるいは非白人の権利が相当増大してきたけれど、オバマ大統領が大統領になったことによって、ある意味で、特に白人の男性で教育レベルが低い人たちの不安を高めた、ということが言えると思います。

要するに、彼らから見ると、黒人が大統領になって優遇されたのが黒人、ヒスパニック、女性、移民。一方、白人の男性が無視され、取り残されてしまう。そして、もし、クリントンのような女性が大統領になれば、またさらにそれが続くだろうと。そこで、白人の男性でアメリカを偉大にしようと考える人たちが出て来たわけです。

偉大にしようというのは、おそらく「１９５０年代のアメリカに戻す」という感覚なんです。50年代のアメリカはと言いますと、冷戦構造の中の二極化で、圧倒的にアメリカに力があって、世界的にも力で主導して、自動車産業でも鉄鋼産業でも世界をリードして、非常に強いアメリカがあったわけです。そして、それをリードしているのは白人の男性でした。そういうアメリカをトランプは訴えたわけです。特定の、いわゆるラストベルト[6]、先ほど言いましたペンシルベニア、ウィスコンシン、ミシガン、オハイオ州といった最も白人の労働者が失業によって苦労している州にアピールして、票を獲得したのです。それを、おそらく民主党の候補者は、あるいは共和党の候補者も十分理解し把握していなかったということが言えると思います。

トランプが共和党の政策を実現

また、アメリカのマスコミにも相当責任があると思います。トランプが候補者として出たときに、17人の共和党の候補者がいたのですが、彼は非常に大胆な面白い話をするのでマスコミも大喜びし、特にケーブルテレビは彼のことばかり取り上げて、タダで宣伝をしてあげた結果になりました。ですから、今のアメリカのマスコミの一部のトランプ批判というのは、ある意味で、彼らの罪悪感を表しているのです。彼らのおかげでトランプは大統領になった。「こんな人を大統領にしたのは我々のせいだ」というふうに考えているジャーナリストが私の友人にも何人かいますけ

6. ラストベルトのラスト（RUST）とは錆のことでアメリカ中西部の重工業や製造業の盛んだった地域を指す。

れども、確かに非常に特殊な状況の中で、このような選挙の結果が出たということなのです。

ところで、トランプが候補者であったとき、共和党の政治指導者たちは彼をあまり支持していませんでした。むしろ、彼は大統領としてはふさわしくないと考える人がほとんどだったのですが、いったん大統領になれば、彼のことを熱心に支持するようになったわけです。なぜそうなったかというと、はっきりとした理由があるわけです。要するに、個人的にはトランプのことを嫌っても、政策面ではトランプ大統領のやっていることは共和党が長年やろうとしてきたことを実現してくれるわけです。ここにリストがありますが、大幅減税。これは企業、富裕層に対する大幅減税です。二つ目は規制緩和、規制撤廃。特に金融業界、環境に関する規制緩和を実現させました。三つ目は、オバマ政権の時に成立した医療保険制度である「オバマケア」を撤回すること。四つ目は移民の抑制。五つ目は最高裁判所の判事。この中にいろいろな課題が含まれています。人工中絶を希望する女性の権利、医療保険プランの拡充の権利、人種における平等・公平化、銃規制、労働組合のあり方、環境の保護、政治献金の問題、こういう課題について、共和党が支持している最高裁判所の判事を、最初の2年間で2人任命して承認を得たということなど、共和党としては政策面でやろうとしていたことをトランプ大統領のおかげで達成できたと考えています。そういう意味では、トランプの政策と共和党の政策は一致していると言えると思います。

予測困難な政治でＶＵＣＡが加速

それで、トランプ政権が誕生したことによって、少なくともアメリカにおいては、ＶＵＣＡの現象というのはさらに加速化されているわけであります。なぜかというと、トランプ大統領は20～30年前から自分が書いた本で、実際に書いたのはゴーストライターですが、その中で「アメリカという国は予測可能だということが最大の欠点だ。他の国が、アメリカが何をするかということを予測できることはアメリカの弱みであり、むしろ何をするかが予測できない方がよい」と言っています。これは、彼が自分の今までの経験に基づいて言っているわけです。先ほど申しましたように、彼は政治とか政府、政策、ワシントンとか、軍の経験もありません。ただし、ビジネスの経験はあるのですが、ビジネスと言っても大企業に入って下からコツコツ仕事をして昇格したという人ではなく、父親から不動産の会社を引き継いで、取締役会もない、株主もいない、自分の独断と偏見で経営していった会社でしたし、彼のビジネスそのものも、不動産の物件を安く買って高く売るという、長期的な戦略とか投機的な企画とか、パートナーをたくさん持つとか、他国で多くの人たちと一緒に仕事をするというより、むしろバイラテラル（bilateral）で一社対一社の仕事が多いということで、それがそのまま今の彼の大統領としての国内政策、あるいは対

外政策に反映されていると思います。

そういう意味では、彼が大統領になってからの不確実性と言いますか、アメリカがどうするかということを、以前より予測しにくくなったと思います。例を申し上げますと、大統領になってすぐTPPからの離脱、北米自由貿易協定の再交渉、韓国との自由貿易協定も再交渉、パリ協定からの脱退、イランとの協定も脱退という、まさに「不連続」で、安定性がなく継続性がないことを、むしろ彼は好んでいるようですし、今までのトランプ政権2年間で何がトランプの政策理念、哲学であるかという問いかけに対して、アメリカの専門家たちは「オバマ大統領のやったことを覆す、それが最大の理念だ」というふうに言われるくらい、非常に不連続で継続性がない、むしろ前のことを覆すというのが今の大統領の行動、政策です。

中間選挙の結果によって2年間が変わる

時間もだいぶ迫ってきましたので、あと5分ぐらいで終わりますが、私は、来週の火曜日に行われる中間選挙[7]が非常に重要だと考えます。なぜかと申しますと、もし、今のまま下院も上院も共和党が過半数を占めることになると、それによってトランプ大統領は、これまで2年間やってきたことが肯定され、国民から信任を受けたので、これからの2年間というのはさらにもっとやると考えると思います。最高裁判所は、トランプ支持の裁判官が2人加わりました。地域の連邦裁判所も高等裁

7. 2018年11月6日に実施されたアメリカの上下両院の選挙。上院は共和党、下院は民主党の多数となりトランプ政権は厳しい議会運営を求められる結果となった。

判所も、大統領の任命によって裁判官が決まります。特に今は共和党の上院が承認していますから、そういう意味で、過去2年間もそうでしたが、裁判所はさらにこの2年間で、間違いなく右傾化します。ということは、もし、下院も上院もこれまで通り共和党が過半数を維持することになると、トランプ政策というのはかなり勢いがついて、もっと進むのではないかと思われます、もし逆に、下院で民主党が過半数を占めることになると、調査権を発動して、いろんな形でトランプ政権への調査を開始すると思われます。トランプ政権に対する利益相反とか司法妨害、ロシア疑惑、税金問題、いろいろな金銭的問題も含めて、民主党の下院が調査を開始することによって、トランプ政権が政策上こうしようと思うことがしにくくなるということは言えると思います。

上院で民主党が過半数を占める可能性は2割ぐらいしかないと思いますが、もし、そうなると、人事権、要するに大統領が任命する行政府の長官、副長官、次官、次官補、大使と連邦裁判所の判事というポストは全部、上院の承認が必要ということもあり、そうすると人事権によってトランプ体制が保障されないということになります。ですから、これがどっちにいくかによって、今まで通り共和党が過半数を維持するかしないかによって、これからの2年間は相当に変わると思います。

中長期的には明るい展望

最後に、ちょっと暗いニュースばかりだったので、私の、中長期的に考える明るい展望を申し上げますと、この数年間は不確定なＶＵＣＡ的な状況が続くことは間違いないと思いますが、中長期的には、私はアメリカに対して割に楽観視しております。それには三つ理由があります。一つはアメリカの人口動態を見ると、2040年から2050年ぐらいまでには、アメリカの人口の50％以上を非白人が占めるということになります。これによって、多分、今のアメリカよりかなり開かれたアメリカになる。例えば貿易問題を見ても、あるいは環境、分断化、移民問題、ＬＧＢＴＱ[8]の問題、女性の権利、教育の問題、人工中絶の問題、銃規制の問題、こういう課題について白人、非白人の世論調査の結果を見ると、かなり非白人の方が開かれた方向に賛成なのです。

もう一つは年齢間の差です。今の20代、30代のアメリカ人と40代以上のアメリカ人の世界に対する認識、あるいは環境問題、人権問題は、明らかに若者の方が開かれていてオープンな意識を持っています。これが二つ目のポイントです。

三つ目は、冒頭で申しましたように私はカリフォルニア出身です。小学校はサンフランシスコ、高校はロサンゼルス、大学はスタンフォード大学で、カリフォルニアが好きな人間なのですが、今のカリフォルニアというのは世界第5位の経済規模の州です。昨年、イギリスを追い抜いて5番目になったのですが、このカリフォル

8. LGBTQとはレズビアン(L)、ゲイ(G)、バイセクシュアル(B)、トランスジェンダー(T)、クエスチョニング(Q)の略である。Qは少数派の「クイア」も意味する。

ニア州は今、ジェリー・ブラウンという州知事ですが、彼の後任としてギャビン・ニューサムという前のサンフランシスコ市長がなると予測されていますし、間違いなく彼がなると思います。今、カリフォルニアでとっている政策を見ますと、貿易に対しても自由貿易を支持していますし、環境問題に対しても温暖化に関してもトランプ政権とは異なります。例えば9月にはブラウン知事は世界中から環境問題の専門家たちを呼んで、世界環境サミットというのをサンフランシスコでやりました。本来ならアメリカ大統領がやらなければいけないのですが、パリ協定を離脱して大統領がやらないので、カリフォルニアの州知事がリーダーシップをとってやっているわけです。あとは移民の問題やＬＧＢＴＱの問題、女性の権利、教育の問題、人工中絶、銃規制、どの課題をとってもカリフォルニア州というのは、今のトランプ政権とは真逆なんです。一般的にカリフォルニア州は、アメリカ全体の20年から30年先を走っていると言われます。そういう意味でこの三つの要素を考えますと、私は中長期的に見ると、アメリカは良い方向にいくのではないかと見ています。

　結論を言いますと、この数年間はＶＵＣＡ的な環境が続くでしょう。特に不確定要因がたくさんある世界というのが終わるとは全く思っていませんが、本来ならアメリカがリーダーシップをとって、少し安定性や継続性、予測可能性を促進する役割を果たしていたのが、逆に今は、それをしにくい状況を増大するという役割を果たしていると思います。ですが私は、これは徐々に、この数年の間に、再び正常に戻るのではないかと思っています。

国際関係、特に日本との関係について、いろいろ申し上げたいこともあるのですが、時間がないので、今日の今のアメリカのＶＵＣＡについての私の話は、このくらいにさせていただきたいと思います。ご清聴ありがとうございました。

基調講演3

ＶＵＣＡ世界～日本・アジアの視点～

出井　伸之（就実大学特任教授、元ソニー株式会社会長
クオンタムリープ株式会社代表取締役ファウンダー＆ＣＥＯ）

出井伸之

クオンタムリープ株式会社代表取締役ファウンダー &CEO。1937 年東京生まれ。

1960 年早稲田大学卒業後、ソニー入社。海外駐在、オーディオ事業部長、ホームビデオ事業本部長などを歴任したのち、1989 年取締役就任。1995 年から 2000 年まで社長兼 COO として、2000 年から 2005 年までは会長兼グループ CEO として、約 10 年にわたりソニー経営のトップを担った。2006 年 9 月に新産業・新ビジネス創出を目的にクオンタムリープ株式会社を設立。

著書

『非連続の時代』新潮社(2002)、『日本大転換』幻冬舎(2009)、『迷いと決断』新潮社(2013)他多数皆さま、こんにちは。出井です。僕の紹介をするために、まずビデオを5分間ぐらい流させていただきます。

僕は日本の一番いい時期に、ビジネスマンをやっていました。ビル・エモットさんによると、何であんなに元気な国が固まっちゃったんだっていう、この『「西洋」の終わり』というエモットさんが書かれた本を愛読しています。今日、サインをしてもらいました。

僕がソニーに入ったとき、ソニーは本当にちっちゃな会社だったんです。売上は80億円ぐらいしかなかったのですが、僕が辞めたときには8兆円になっていました。だから、１０００倍に大きくなったということですね。

ソニーと言えばエレクトロニクスですが、ソニーという社名には「エレクトロニクス」がついていません。ソニーはハリウッドの映画とか、ニューヨークのミュージックというものを、創業者が大変に苦労して買収し、それらの事業を育てるのに大変苦労しました。

１９９５年に私が社長になったときは、もう50半ばを過ぎていたので、どうせなるなら45ぐらいでしてくれと言ったのを覚えています。

ソニーというのは大変グローバルな企業で、国内の事業の売上は３割ぐらいしかありません。７割は海外というような会社でした。

これはビル・ゲイツです。彼とは一緒にゴルフもやりました。

これは1999年のコムデックス（COMDEX／Computer Dealer・s Exhibition）。ラスベガスで開かれたコンピューターのエキシビションでソニーの企業セッションをやりました。

はじめソニーの株主は500人ぐらいでしたが、辞めるとき（2005年）には72万人になっていまして、すごい数になりました。特に、日本の株主よりも、アメリカやヨーロッパのグローバルな株主が約50％になっていまして、全くの国際企業です。

ソニーを2005年に辞めてからは、全くソニーの真逆をやろうと思い、小さな会社で、ベンチャーを助けるとか、中国の会社と日本を結び付けるというようなことをしています。中国ではバイドゥとか、今のレノボのアドバイスをやっています。それから、中国の上場企業である北京のBOEという、世界最大のディスプレイの会社ですが、そこの改革の相談に乗ったりしています。

（ここまで、ビデオ映像を流しながらの説明）

日本のVUCAは技術面の変化が大きい

私は、VUCAというのは、日本の場合は政治面よりも技術面の変化の方が大きいのではないかと思っています。これまで日本は、たくさんのパラダイム、[9] 要するに

者はいませんし、理系の人は文系のことも勉強しなきゃいけないし、文系の人は理系を勉強しなきゃいけないと思います。

私が入社したときから社長になった時期をこうして見ると、僕の一生というのはグローバリゼーションの時代だと思います。ヨーロッパに10年住みました。グローバリゼーションの進展の中で難しい仕事にもチャレンジしました。一番大きなチャレンジというのはエンジニアの世界のマネジメントをやったということです。つまり、文系から理系に移ったのです。僕は早稲田の経済学の出身なのですが、ソニーに入ると理系の人ばかりで、一生懸命に理系の勉強をしたというのが僕の経歴です。

ソニーが随分伸びたのは、半導体（トランジスタ）というものがあって、みんなが真空管をやっているときに半導体をやってオーディオに進出したというわけですが、目と耳のビジネスだけで５兆円近くの事業になったわけです。半導体の進歩というのはまだ進んでいますが、そういう意味で半導体の利があった。それから、グローバリゼーションの時代、世界中でビジネス展開をした。事業の多角化または一体化というように、エンタテインメント事業にも進出しました。

私が社長の頃に、エレクトロニクスからＩＴ革命を興そうということで、「デジタル・ドリーム・キッズ」というのをコーポレートスローガン（corporate slogan）にして、デジタルに夢を持ち目を輝かすような人たちがお客さんだということをやりました。今は「デジタルキッズ（digital kids）」という言葉を、ハーバードでもスタンフォードでもMITでも盛んに使っていますが、要するに若い世代と歳を取った世代というのは、本当にビフォアーインターネット、アフターインターネットの世界に分かれると思います。僕がトランプ大統領を見ると、完璧にビフォアーインターネットのおじさんという感じに見えます。私の好きなアメリカの町は西海岸のスタンフォードです。完璧にITの町です。ニューヨークのウォール街は、完璧に金融の町です。アメリカの真ん中にいる人たちがトランプに投票しているわけで、そういう意味では、何か日本と似ているなと思います。要するに真ん中はものづくりの地域で、失職したとか、給料が下がったとか、今のアメリカでブーブー言っている人たちの多い町です。実際、この格差社会というものすごい壁が、多分大きな問題なのでしょう。そういう意味で、トランプ政権が生まれたのも、こんなところに本当の理由があるというふうに思わざるを得ないところです。

日本は世界の工場だということですが、私がヨーロッパにいたとき、池田さんという方が首相でフランスに来られたのですが、そのときにシャルル・ド・ゴール大統領が「トランジスタのセールスマンが来た」というふうに言っていました。日本はものづくりの国で日米間で厳しい貿易紛争をやったわけですが、それが今、中国の人たちが私に一番聞くのは、「中国は今米国と紛争していて、これは昔の日本と同じか？」みたいな質問です。それはだいぶ違うのではないかと思います。一番違う点は、為替のレートです。戦後、1ドル360円だったのが、1985年のプラザ合意でついに１５０円ぐらいになりました。今は１００円ぐらいです。日本の円がものすごく切り上げられています。これは絶対に日本いじめだと思います。私が社長になった１９９５年、１ドルは78円でした。ものすごく日本の通貨が切り上げられました。日本の円というのは「ハードカレンシー」なのですが、今の中国の通貨というのは「ソフトカレンシー」で、政府の管理下にあり、まだ大人の通貨ではないということなのです。そういう意味で、日本とアメリカとの貿易戦争はすごく大変だったということです。

私は、インターネットは巨大隕石だと言ってきました。隕石で死ぬのは恐竜で、生き残って、のちに誕生するのは哺乳類なのですが、変化しない企業というのは完全にやられてしまいます。変化しなければいけないということだったのですが、私が社長になった１９９５年というのは、１９９０年に迎えたバブルの崩壊で日本は静かになるわけです。それからずっと失われた10年、20年、もう、ほぼ30年に達する低成長の時代になっているのですが、そういう意味では、インターネットというのがいかに大きな社会変化を及ぼしたのか理解いただけると思います。私は政治の変化よりも技術の変化の方が大きい要因のように思います。

技術の変化と共に新しいビジネスが生まれる

それからアメリカと中国では、「プラットフォーマー」[12]という企業が生まれて、ア

12. ITを駆使してネット上で販売や広告などのビジネスを展開したり情報発信をしたりする際のサービスやシステムの基盤（プラットフォーム）を提供する事業者。

メリカで言えばグーグル、アマゾン、フェイスブック、アップルという感じですが、中国でも同じようにバイドゥ、アリババ、テンセントという会社がプラットフォーマーとして生まれているわけです。そこで、モノからデータへの変換という大きな変化があって、プラットフォーマーというのが生まれる。日本でもよく「プラットフォーム」という言葉を使いますが全く間違って使っていて、正しく分かって使われていませんので、これはぜひ、杉山先生にもプラットフォーマーの語源を知っていただきたいのです。プラットフォーマーというのは、要するに二つの、なんというか「B to B」と「B to C」と「C to C」の間に入った触媒みたいな感じです。日本の企業というのは、モノを作って売るという片方通行で、大きく伸びた企業というのは全部そうなのですが、要するに両サイドの、両側のキャタライザー（catalyzer＝触媒）というふうになっているのです。

皆さんはフェイスブックとかインスタグラムとかそういうものを使っていらっしゃると思いますが、これらは全部プラットフォーマーです。要するに、友だち同士でつながっているわけで、会社がやっていることはプラットフォームを提供しているだけです。誰もその会社の中で、何かを買っているわけではない。そういう企業です。アメリカと中国では、デジタル時代、１９９５年以降にできた会社というのがすごく伸びています。先ほど申し上げましたアップル、グーグル、アマゾン、フェイスブックというのは完璧なプラットフォーマーで、世界を征しています。そしてここにピッタリつけているのが中国で、テンセント、あるいはバイドゥという会社です。最近はピンヤン（平安）という銀行、金融企業がものすごく伸びています。アリババとかテンセントというのは、決済など銀行のやることは全部やってしまったという感じで、キャッシュレスの世界をやっていると同時に、データを吸い上げていく、つまり国民すべてが監視下に置かれているぐらい完璧なデータを国に提供しています。このような会社がアメリカや中国で勢力を増しています。だから、アリババを使っているとポイントがもらえて、獲得ポイントが高ければ高いほどお金が借りやすいとか、日本に来るビザが取りやすいとかで、国民全体がものすごく使っているのです。

ところが、残念ながら日本にはプラットフォーマーが一社も生まれていません。1995年以降、ＩＴが出たときに、私も政府のＩＴの戦略会議の責任者[13]を2年ぐらいさせてもらいました。これは、インフラを整えると同時に、プラットフォーマー的なものが生まれてこないといけないというふうに思ってやっていたわけなのですが、その当時はプラットフォーマーなんか生まれると政府も思っていないわけです。一番大切なのは、技術の変化と共に新しいビジネスモデルが生まれるということです。ですから、僕はいつもビジネススクールで、過去のケーススタディなんか学ぶのはやめてくれ、「Goodbye to Case Study」と言っているのです。大学では先生から教えられないことが学生からは歓迎されるのですが、新しいことでどんな

13. 2000年7月7日の閣議決定で情報通信技術（IT）戦略本部が設置され出井氏は議長となる。

ことが生まれるかということをみんなで研究すること、または話してみるということが一番重要じゃないかと思うのです。

企業の価値はものづくりからプラットフォーマーへ

そういう意味で、企業の時価総額のランキングというのを見ていただくと、アップル、マイクロソフト、アマゾンとかいうふうにずっとアメリカの企業が並んでいて、最新のランキングでは中国のアリババというのが唯一、8位に入っています。日本では一番大きいトヨタがなんと40位でしかないということで、株の市場価値、または企業価値というのは、ものづくりの会社からデータの会社へ、プラットフォーマーに移っているのです。

ですから、政治がどうこうと言うよりも、日本そのものが変革しなくちゃいけない。携帯その他スマホのインフラは全部ドコモに集中させて、そこからソフトバンクなんかが買うということで、ユーザーに売ってないわけです。そういう何か、すごく社会主義みたいな国が日本です。中国の人に、「日本というのは中国より社会主義の国だな。税金は高いし、相続税はあるし、一生働いた分を全部吸い上げられて、まあ日本みたいな所には住みたくないな」というふうに言われると、ああは言われたくないなという感じがしますけど、実際そうなんですよね。そういう意味で、日本の古さというのをどうするかというようなことのほうが重要だと思います。僕は

ＶＵＣＡの時代というよりも、我々自体をどうかしなきゃいけないんだと思います。学校教育も、さっき言ったように理系と文系なんて分けている国はありません。だから、子どもの頃、数学の点数が悪かったということで、お母さんが「あなたは文系に行きなさい」なんて言うんじゃないかと思いますが、お母さんの言うことは絶対聞いちゃダメです。時代が違うんです。そういう意味で、大きなパラダイムシフトの時代になっているということです。

１９９０年以降にできた会社の、アメリカのアマゾン、グーグル、フェイスブック、それから中国のバイドゥ、アリババ、テンセントという会社の時価総額の合計は３５９兆円になります。一方、トヨタをはじめとした日本企業トップ10社の企業価値というのは、96・９兆しかない。ということは、アメリカの会社というのは、90年以降にできた会社というものが、日本の主要企業よりはるかに大きな会社になっているのです。ソニーやホンダは設立が１９４０年とか５０年とか６０年とかです。ソフトバンクが１９８１年創業です。ＮＴＴドコモは、国営から一応民営企業といわれていて（かと思ったら国営企業ですが）、これは１９８５年のことです。三菱銀行も他行と一緒になって、メガバンクが三つになったのが１９８５年です。ソニーは１９４６年創業です。ＫＤＤＩも通信会社の合併で２０００年に誕生しました。キーエンスというのは部品の会社ですが、１９７４年創業です。日本郵政は２００６年ということで、これを見ると、どうも国営企業が多くありませんかね。本当に民間企業は何をやってるんだという感じなんです。

インターネットを使い損ねた日本

このソニーの7・9兆円というのがありますが、ソニーはこのところ低迷していたのですが、今年復活しました。ですから、私がやっているときも8兆円で今も8兆円なのですが、中身が変わって、ハードからコンテンツ、ネットの会社に変わっています。ですから、こういう変革を実現し頑張っている企業というのもあるし、例えば、ミノルタと一緒になったコニカなんかも必死になって企業改革をやっているし、富士フイルムもコダックが潰れたのに業態変革して残っているとか、いろんな企業もまだ頑張っていると思うんです。ですが、日本はインターネットを使い損ねたという点では、ひどく残念だなと思うのです。

そして、変革を迫られる日本の企業というのが、自動車産業です。これは電気自動車になるわけです。今、トヨタが本気になって、この1年間、アメリカでAIの専門家ギル・プラットさんを雇うし、ソフトバンクと一緒になってやるとか、電気自動車に変わるための変革を望まれているわけなのです。僕はソニーにいる頃、アメリカのコーポレートガバナンスを学ぶために、ゼネラルモーターズ、アメリカのGMの役員を5年やりました。GMはものすごくいろんな変革を先進的にやるわけですが、自動車会社というのは電気になると部品がどんどん減るし、電気がモーターを駆動するからエンジンが要らない。そういうことで一台当たりの利益率が下がるわけです。同じような理由で、電機業界もテレビから利益が得られなくなった。シャープも台湾の会社に買われましたけれども、それも昔のブラウン管のテレビと今の新しいテレビを比べると、中の部品が全然違うし、全然違う事業と言った方がいいです。ですから自動車企業も、もし部品の数が３分の１になったらどうしますか、というような変化に迫られているのです。これは世界中の現象ですが、そういう意味で一つの大きな変化です。

教育を変えて新しい時代に対応すべき

また、通信業界のキャリアも変わるし、ヘルスケアもどんどん変わってくるということなのですが、これだけ企業が変革をすると、教育が変わらないといけないということがすごく大きいと思います。ですから、今みたいに正解を求める、記憶を試す教育などは全く馬鹿馬鹿しくて、グーグルをちょっと引けば答えは全部出ています。そういう変化の中では、日本の正解を求める学校教育というのは、本当に抜本的に変えていかないといけないというのが私の持論です。

５０００万人の利用者を獲得するのにどれだけ時間がかかったかというと、ラジオの時代には38年かかった。テレビでは13年。そしてポケモンなんかは、これだと大体２週間で５０００万人に達してしまったということですから、インターネット

を使うだけで、モノを売るという概念よりも、モノがインターネットでどんどん普及していくことがものすごい変化なんです。

僕はインターネットを礼賛しているつもりはなくて、インターネットというのは若い人がたくさん使っていて、もちろん私も使っていますが、これはコピーの連続でいくわけです。コピー、コピーとコピーを重ねて作るということですので、モノと違って簡単にデータがコピーされ拡散されます。こういうふうに、ものづくりの時代から情報がそこに加わったという根本的な変化というのが、今のパラダイム変化というものであって、日本はそれに対応できずに、1990年から今まで来てしまったということです。IIJ（Internet Initiative Japan）という会社は、日本で最も早くインターネットの会社を作ったところですけれども、そこの鈴木幸一さんという人が、著書で「日本は、インターネットは使っているけれども新しい価値を生み出すことはない」と書いています。こんなことを我々が繰り返しては駄目なのです。これから新しい技術で新しい企業を生み出す必要があります。皆さんの年代で新しいものを生み出してもらわなければいけないということなのです。

注目の技術は「ブロックチェーン」

それでは、次にこれからの新しい技術とは、といったことをお示しします。一番変化の大きいのは「ブロックチェーン」[14]というものです。これはインターネットと同じで、インターネット上にコピーされない、信頼されるインターネットが出てくるというふうに解釈する方が良くて、信用されるインターネット（trusted internet）と言った方がいいかもしれません。こういうようなインターネットが出てきます。ブロックチェーンが出てきて、今、仮想通貨がどうのこうのということで目を奪われていますが、仮想通貨だけではなくて、もちろん金融から変化するのですが、このブロックチェーンが入ってくると、全ての産業でこれから非常に変化する新しいビジネスモデルが生まれるのは必然のことで、インターネットが隕石であれば、これも次の巨大隕石の一つであると私は思います。

それから、先ほど申し上げたようにビッグデータとかＩｏＴとかいうような話があるのですが、ＩｏＴの「Ｔ」は「things／物」ですから、どちらかと言えば日本が得意な方です。インターネットとモノが一緒になるというようなことがポイントですし、このビックデータ解析は学校で教えないから、日本で専門家がいないわけです。去年ぐらいから、それを教えるデータサイエンティストたちが生まれていますが、今、もう絶対数が足りないということです。それから電話、スマホですが、今は４Ｇですが、来年、あるいは1年半ぐらいで５Ｇになります。５Ｇに変わると一番慌てているのはドコモじゃないかと思うのですが、要するに自分たちみたいな遅れたのが要らなくなるのではないかというような気持ちも多少あったりするわけです。通信業者、テレビ業界も含めて、ものすごく速いスピードでそういうデータが

14. インターネット上で複数のコンピュータが取引の記録を相互に共有し、検証しながら正しい記録を鎖(チェーン)のように蓄積する仕組みのこと。

利用できるようになるわけで、これも大変な変化です。ちょうどオリンピックの年ですからアンテナなんかを新しくしないといけないのですが、それに向けて日本政府も強制的にやるでしょう。そういうことで、この5Gも隕石の一つです。

それから最後にAIですが、このAIとブロックチェーンの組み合わせでどんなビジネスモデルが生まれるかということが問題なのです。最近までAIに関しては、NHKをはじめ随分いろんな特集が組まれていますが、これで人がクビを切られるとか、必要でなくなるとか、そういうことを言っていますが、大きな変化を生み出します。企業が変革していかなくてはいけないブロックチェーンとAIの組み合わせというものが、ものすごく多くの企業を変えます。そういう意味では、皆さんの中には就職が近い方もおられると思いますが、今、有名な企業に入ったら、脅かすわけではなくて、本当に絶対になくなっています。

私の仲のいい銀行マンの偉い人で辞めた方がいるのですが、去年、一昨年の入社試験で面接に来た人に、「うちの銀行だけは受けるなよ、もうないから」というようなことを冗談ではなく本当に言って、「俺が面接した7人は全部来なかったよ」みたいなことを言っていました。彼は「人助けをしたんだ」と冗談で言っていました。実際、今ある企業って将来あるんだろうか。昔、私が入社した頃は、大企業に入れば安心と思われていました。銀行もそうですが、大銀行がなくなってしまっています。そういう面で、ソニーみたいに、小っちゃいけれど変化しそうな会社に入ったことは、つくづく正しい選択をしたと思っています。

モノとデータが一緒になってビジネスチャンスを生む

それで、この次はどうなるかということですが、プロダクト企業というのがあります。時計とかそういうハードを製造して売る会社です。ところがそれが、情報とデータと企業が段々と一緒になってくるということが始まっているわけです。プレステ４でも、毎月どんどん変わっていて、物を売るということからコンテンツを売る、又は情報と組み合わせるというような変化が起こっているわけです。ですから、そういう意味で、ハードの「モノ」と情報の「データ」がくっついて、どういうふうになるだろうかというようなことがポイントになります。

これは次のビジネスモデルを示しているのですが、縦軸がモノの企業、横軸がデータ企業です。モノとデータというのが結びついて、「クロスカップリング」となることが新しいビジネスチャンスを生むだろうということです。根岸さんが、この「クロスカップリング」でノーベル賞を取りました。何も、ビジネスの話とかではなくて、基礎科学の方ですから、分子と分子が一緒になっても付かないけれども真ん中に触媒が入ることによってくっつくといったようなことの「クロスカップリングセオリー」でノーベル賞を取った方です。モノとインターネットの会社が一緒になってくると、どういうビジネスモデルができるかということは、これからの最大のチャンスだというふうに思うのです。

今、中国では、「ＯＭＯ（Online Merge Offline）」という言葉が、非常にはやっています。日本で言っても誰も知りません。この中には知っている人が２～３人いるかもしれませんが。このＯＭＯというのは、オンライン企業がオフラインを飲み込んで、新しい企業を作るということです。例えば、日本のセブンイレブンでモノを買ったとしても、そこで売っているお弁当は工場で作られたもの、量産したものを売っているわけですが、中国のアリババみたいな新しい店に行くと、もうそこで作っているんです。そこでお弁当を作ってそこで売っているといったことを始めていて、アリババみたいなオンラインの会社がモノを売る。また、顔認識がものすごく進んで、顔を一度認識すれば、何も出さなくてもお金が払える仕組みというのができ上がっている。僕は何も中国を礼賛しているわけではなくて、こっち側の会社はオンラインとオフライン、こちら側の会社はＯＭＯという言葉を使っているのです。日本は本当に古い。そういう意味で、私が３カ月に１回中国に行って、いろいろな会社を叱咤激励しています。そういう意味で、中国ではＯＭＯという言葉が先行してしまっていますが、日本の企業でも、皆さんの企業がどこでもオンラインとオフライン、データをいつ、どのように使っていくかということを考える企業に転換してほしいと思うのです。

日本は古い国になりかかっている

僕は日本の未来は決して悪くないと思っています。20世紀に、世界の経済というのは大西洋から太平洋に移るわけです。タイタニックが沈んだのは大西洋で、太平洋ではない。だからビジネスの中心というようなものが、今や我々の周りのアジアにガンガン来ているということなんです。これを歴史的にみると、１７００年、１８７２年、１９５０年と、アジアのＧＤＰの合計というのはすごく大きくなって来ています。そして、将来を見てみると、２０５０年のところでアジアの比率が圧倒的に大きくなって、昔に戻るみたいなことになっているのですが、果たしてＧＤＰという指標が残るかどうか。これは杉山先生に研究してほしいものです。ですから、日本が「働き方改革」なんて言っているのは、僕は「なに言ってるんだ」という感じなのです。重要なのは分母じゃなくて分子でしょう。付加価値です。重要なのは働いた時間分の付加価値です。付加価値が同じで人を少なくしたって、なにも付加価値ではないじゃないですか。それならむしろ、働き方改革の新しい付加価値、企業としての価値というものを考え直さないといけないという非常に重要な時期に、今、我々はいるなというふうに思うのです。

もう一つ、データの件があります。今、世の中がもめているのは、ＥＵがＧＤＰＲ（General Data Protection Regulation）という個人データを、そんなにアメリカが持って行くなよということで、いろんな法規制をやるらしいのです。今度イギリスやフランスでもデータ税を取るとかそういうことになっていて、個人データというようなものが誰のものなのかが議論されています。アマゾンなんかにしても、集め過ぎなんじゃないかということをEUが言いだして、これが世界に広がるかもしれません。日本は個人データについてはプライバシーということで余計に反発して、データを集めさせないという極端な例なのですが、でも、アマゾンとかフェイスブックなんかで、日本のデータを全部持って行かれているわけです。

ここで、中国がどのようになるのかということですが、中国に行ってみると、中国銀行という国営企業がありますが、そこの仕事をアリババとテンセントがどんどん取っていっているわけです。そこで中国銀行も、これはいかんせん自分たちでコントロールしないといけないと思いだして、僕は、それでジャック・マーはアリババを辞めたと思うのですが、要するに、中国の政府対一般企業というような争いが始まっているわけです。

でも考えてみると、フェイスブックにしてもグーグルにしても、国を超えてしまっているのです。何億人の人が使っているということにもなりますし、中国のアリババとテンセントがどれだけ決済しているかと言いますと、おそらく日本のGDPぐらいの決済はこの2社でやってしまっているのです。ということは、すごく大きなデータ企業ができている。というところで、そのデータは誰のものかとか、どうやってコントロールするかとか、そういうことも非常にセンシティブな問題になっています。日本はのんきに、こういう企業は危ないので無視するような国です。しかも、大きな資産を持っています。ウーバー（Ｕｂｅｒ）もない所で、旅人が羽田に着いたとたんにそういう配車サービスシステムが何もないということに真っ先に気が付くことになると思いますが、どれだけ日本は後進国なんだというふうに我々は思われているということです。だから日本でもウーバーのアプリを入れて行けば、フランスに行っても、どこに行ってもその土地の言葉に変換して使えるような時代にもうなっているんです。それはなぜかというと、日本の古い企業がそれをやらせないからなんです。そこはあまり話したくないけど、大手企業がブレーキになっているのです。

そういう意味では、日本はどんどん遅れていって、本当に古い国になりかかっているというのが、今の僕の非常な危機感です。もちろん政治の問題も言えば切りがないと思いますが、それよりも、１９９５年からのインターネットというものをビジネスとして使い損ねたということから、これから変わっていくＡＩとかブロックチェーンとかそういう新しいものに対して、古い法律で対応しないで、新しい行政が要るのです。日本の行政はものすごく縦割りになっていますから、そういう意味で、これに対して、例えば仮想通貨を皆さんが買って利益を得ようとすると、日本では55％の税金がかかることになります。でも、多くの国は０％です。日本も20％に下げるといううわさもありますが、全然目立った動きがないです。今、日本がこういうものに対して規制を撤廃すれば、世界からどんどんいい人が来ると思います。単純労働者が足りないとか労働法改正とかテレビで言っていますが、それよりも日本で本当に足りない知識労働者をもっと早く育てないといけないというのが僕の話のポイントなのです。

「桃太郎」をモデルに——データを分析できるサルを育てよう

最後に、岡山ですから岡山の話をちょっとさせていただくと、岡山で有名なのは桃太郎です。桃太郎というのは、おじいさんとおばあさんがスポンサーで、桃太郎がきびだんごを作ってもらって、鬼退治をしないといけないという社会的ニーズを達成するわけです。桃太郎の子分にはキジがいるでしょう。キジが飛んでデータを集めるわけです。サルは分析するというふうになっていて、さらに犬はパワーがあるのでバーッと攻めて行って、結局それを実行するということなのです。実は、僕がこれを面白がってグーグルでいろいろ検索したら、松下幸之助が「すべての企業は桃太郎じゃないといけない。いろんな才能を持った人を育てないといけない」というのを何十年も前から言っているわけです。ソニーもそういう会社だったのですが、要は、この中で一番重要なのは、データを集めるキジの役割と、それを分析するサルの役割、この二つです。サルは分析する人なんです。この中にも、データ分析をやっている学生さんはいないでしょう。それじゃあ、本当に日本はヤバいですよ。桃太郎の時代にも、ちゃんと情報を集めて分析する人がいたわけだから、それだけ多様な人を育てなければいけない。こういうときに、何をやっているんですか、ねぇ、杉山先生。杉山先生が悪いわけじゃないんだけど、あんなにいい昔物語がありながら、全然実行してないじゃないですか。だから、データを集める人をちゃんと集めましょうよ。

日本でモノを買うと、お買い上げリストとかいうことで名前を送るようなのがありますが、まだ紙でやっているわけです。昨日、僕も買い物をしたのですが、紙だったので、まだこんなことをやっているのかと思いました。それは住所と名前を登録するだけで、データではありません。そうではなくて、この人たちはどういう人なのか。次はどういうお客さんになるのか。ピーター・ドラッカーが言ったように、「新しい客を創造する」ということが経営者として一番重要な点だと思います。そういう意味で、日本自体が新しいものに対してどれだけ対応するかということと、アジアにおけるビジネスが世界の中心になるというのは、アジアで頼られるようなものづくりの国として、うまくインターネットと結びつけて、これから何かをやる新しい企業を起こしていく必要があると思います。そういう意味で、岡山でやろうとしているのはベンチャーをさらに育てること、それからファミリー企業もそうでない企業もその他の企業も、次のお客さんが求めているニーズによって変えていかないといけないと思うのです。そういう面では全てが変革の時期で、ベンチャーを育てる、企業を変革する。そして、これから必要なのは「個」の個人の能力です。大企業に勤めて一生を過ごすというよりも、個人が得意なものを持たないといけない。それは狭い範囲でいいので、理系だ文系だと分かれていても仕方ないので、文系の人は理系に興味を持ち、理系の人は文系に興味を持つというようなことを、ぜひやってほしいと思います。

私はソニーで、35、36歳から技術屋さんのマネジメントに転向しようと思って、デジタルの分野でCDの一号機もやりましたし、コンピュータもやったし、プレイステーションという名前も私が付けたし、そういう意味で、ソニーの変革というようなものをやりました。その結果、どれだけ内部的な抵抗が激しかったか、皆さん想像できますか。その根本原因はジェネレーションの相違です。

今、アメリカでは「ジェネレーションZ」といわれている新しい世代が銃規制を進め、銃による犠牲者を防ぐというような運動を進めています。18歳ぐらいの人が立ち上がって「ジェネレーションZ」の活躍と言われていますが、二十歳ではもう遅いと言われているんです。若い人たちが次のものをつくっていくことができるように頑張っていただくということで、私の話を締めさせていただきます。どうもありがとうございました。

パネルディスカッション

VUCA世界における日本の選択

登壇者：ビル・エモット
グレン・S・フクシマ
出井　伸之
総合司会：杉山　慎策

ビル・エモット（BILL EMMOTT）
元エコノミスト誌編集長・就実大学客員教授
1956 年イギリス生まれ。80 年に英エコノミスト誌ブリュッセル支局に参加。ロンドンでの同誌経済担当記者を経て 83 年に来日。東京支局長としてアジアを担当。86 年に金融担当部長として帰国。その後ビジネス部門編集長となり、1993~2006 年、同誌編集長を務める。1989 年、日本のバブル崩壊を予測した『日はまた沈む』がベストセラーに。2006 年には日本の経済復活を宣言した『日はまた昇る』が再び話題となる。2016 年 4 月旭日中綬章受章。
【著書】『日はまた沈む』草思社（1989）、『日はまた昇る』草思社（2006）、『アジア三国志』日本経済新聞出版社（2008）、『西洋の終わり：世界の繁栄を取り戻すために』日本経済新聞出版社（2017）他多数

グレン・S・フクシマ（GLEN S. FUKUSHIMA）
米国先端政策研究所上級研究員（Senior Fellow, Center for American Progress）、元在日米国商工会議所会頭、元米国大統領府通商代表部通商代表補代理（日本・中国担当）。カリフォルニア州出身の日系三世（1949 年 9 月 9 日生まれ）。慶応大学（1971-72 年）留学、フルブライト研究員として東京大学法学部（1982-84 年）での研究ならびに、英字新聞社、国際法律事務所での勤務を含め日本には 20 年以上滞在。
外交評議会委員、アジア・ソサエティ（ニューヨーク）国際審議委員、ボストン日米協会理事、北カリフォルニア日米協会理事、全米日系人博物館幹事、米日カウンシル評議員、経済同友会幹事、東京ロータリークラブ会員、慶應義塾大学特選塾員、米国国立肖像画美術館理事などを歴任。
著書には『日米経済摩擦の政治学』朝日新聞社（1992）第九回大平正芳賞受賞（1993 年）、『変わるアメリカ・変わるか日本』世界文化社（1993）、『2001 年、日本は必ずよみがえる』文芸春秋（1999）他多数

出井伸之
クオンタムリープ株式会社代表取締役ファウンダー &CEO。1937 年東京生まれ。
1960 年早稲田大学卒業後、ソニー入社。海外駐在、オーディオ事業部長、ホームビデオ事業本部長などを歴任したのち、1989 年取締役就任。1995 年から 2000 年まで社長兼 COO として、2000 年から 2005 年までは会長兼グループ CEO として、約 10 年にわたりソニー経営のトップを担った。2006 年 9 月に新産業・新ビジネス創出を目的にクオンタムリープ株式会社を設立。
著書
『非連続の時代』新潮社（2002）、『日本大転換』幻冬舎（2009）、『迷いと決断』新潮社（2013）他多数

杉山　皆さん、こんにちは。お忙しい中お集まりいただきましてありがとうございます。これからのパネルディスカッションで、先ほど素晴らしい基調講演をしていただきましたお三方に、お話をもう少し掘り下げてお伺いできたらと思っています。

最初に、キーノートスピーチ（基調講演）をしていただきましたエモット先生のお話は、経営学を勉強している者にとりましては当たり前のことなのですけれど、要は、どういう状況だろうと環境に適応していかなければいけない、それが経営だということのお話がありました。経済は、実はそれほどひどいＶＵＣＡの状態ではない。ただ、政治は非常にＶＵＣＡな状態になっている。それでいながら実は、株価はわりと堅調であるというお話があったのですけれども、なぜ政治がＶＵＣＡ状態になっているのかということについて、少しコメントをいただけないかと思います。

なぜ政治がＶＵＣＡ状態になったのか

エモット　最初に、２００８年に金融危機があったときには、実際には政府によってきちんと対応ができたと思います。例えば銀行であるとか、ヨーロッパ、アメリカ、それからアジアにおいて政府がきちんと対応したと思います。しかしその一方で、一般の人たち、実際に就労している人たちが、大きな犠牲を強いられたというところがあります。賃金が下がり、そして不安定さが増してきたという状況があります。一般の人たちは、銀行の保護はしても自分たちの保護はしてくれていないと、政府に対して思ったわけです。ですので、ウォールストリートであるとか、シティーオブロンドン[15]は守られているけれども、自分たちまでは守ってもらえないというようなことで、従来の政治の対応と比べると、疎外感を感じていたというところがあります。その時期というのは、オバマ大統領の選挙が２００８年にありまして、それからブレグジット、トランプ大統領というふうに続いていきますので、一般の人の生活が実際に回復し、一般の人が政府を許すという気持ちになるまでは、相当の時間がかかるという現状があります。

そして、また同時に、こういう経済危機があった場合に、一般の世帯に対して政府ができるオプションにも限界がありました。それは、政府自体の債務が非常に大きかったということと、使えるリソースが少ないという理由からでした。そのときに、民主的なプロセスの市場を活用することでうまくいきました。そして、政治家たちが非常に誘惑されたやり方というのは、ソリューションとしてはコストのかからないやり方でした。その結果、ナショナリスト的な考え方が選挙のときに出てきました。例えば、外国人や外国の移民に対して批判をする、そして自分たちのナショナリズム的なアイデンティティを訴えていく、そして伝統的な価値観を訴えていくというようなことを魅力的に感じ、それを使うことによって選挙に成功したというような事例が多く見られました。社会にストレスがかかったときに、一般人や企業はそういう見方になったというところがあります。

15. ウォールストリートはアメリカの、シティオブロンドンはイギリスの金融センターである。

そして、同時にほかの現実にも気が付くことになります。例えば不平等さというのは、アメリカ、ヨーロッパにおいて25年間以上そういうものがありました。それから、技術変革をしていかなければいけないというプレッシャーがかかりました。これにつきましては、先ほど出井さんのほうから非常に雄弁に、そして新しい知見をもってたくさんご説明をいただきました。こういう技術的変革があるので、自分の仕事に対しての不安というものを感じるようになりました。しかし、２００８年の経済金融危機があったおかげで、政府はリソースを使って、こういう不平等さであるとか、それから技術的な変化に対するプレッシャーを取り除くため、何とかそれに対応することができるようになりました。しかし、私が言いたいのは、２００８年の段階ではもう使える資源や資金がないので、長期に対応していくというのが非常に難しいという状況に陥っています。

杉山　１９２９年やその後の１９３７年とかの大恐慌の暴動と同じように、２００８年のリーマンショックというのは１００年後、ひょっとすると２００年後にも残るようなそういう出来事だったのではないかと思います。

２００８年問題についてはもうちょっとあとで掘り下げていきたいと思いますけれども、次にフクシマ先生のお話は、なぜアメリカで分断が起きているのかについての解説でした。フクシマさんはアメリカ大陸の横断を５回やったとおっしゃいましたけれど、僕は2回しかしていません。私自身ももうちょっとやりたいと思っていますが、アメリカというのは本当に広い大陸だと思います。アメリカでなぜ東西で分裂しているのか、そしてアメリカの世代間の分裂というようなかたちで分析されたのですけれども、トランプがやろうとしていることは、共和党がやろうとしていることと非常によく似ているというご指摘がありました。実は、今年7月に岡山は洪水で大変な被害を被りました。岡山は安心安全な場所だと思っていたら、60人くらいがお亡くなりになられて、水害は大変な被害で、これはパリ協定[16]から離脱したトランプさんのせいではないかと思う人も少なくないと思います。自由貿易主義がいいとか、相手方が優位性を持っているものと交易するということが最終的にはみんなの利益になるという、私たちが経済学で教えられたこととのすべて反対のこと、つまり関税を上げたりしています。本当にそれは共和党がやろうとしていることなのか、あるいはトランプさんがやろうとしていることなのか、その辺について少しコメントをいただけますか。

フクシマ　関税をかけることに関しては、実は共和党の大半の議員たちは反対しています。戦後アメリカでは、伝統的には自由貿易主義を支持している人が、多分議員の中では7割くらいいると思います。最近、世論調査の結果で、30年前と比べると、民主党の議員たちに相当自由貿易主義的な議員の数が増えていることと、共和

16. 第21回の気候変動枠組条約締約国会議で、2015年パリで開催されたためパリ協定と言われる。

党で保護主義的な議員が増えているということが証明されています。あともう一つが、一般の市民の世論調査を見ると、一般の市民の場合は、民主党支持者のほうが共和党支持者より自由貿易を支持しているという結果が、この15年か10年くらい前から出ています。これがなぜそういう変化があるのかというと、はっきりした説明は出ていないのですけれど、一般論としては、若者のほうが自由貿易を支持しているということが証明されています。一つには、先ほど出井さんのお話にもありましたように、アメリカでは、多分小さいときからインターネット技術を使ってグローバルな情報を得ています。実際に、製品がどこで作られているかということにそれほどこだわらないようですね。ですから貿易の面では、共和党とトランプ政権では必ずしも一致していないのです。

ただトランプ氏は、彼のスピーチとかインタビューなどを見ますと、１９８０年代から貿易問題に関して、特に日本に対する考えが非常にはっきりしている。１９８７年に彼は、ニューヨークタイムズとワシントンポストとボストングローブに、一面広告記事を出しました。これは主に日本批判についてなのです。その内容は五つありまして、一つは、日本はアメリカから職を奪う。二つ目は、日本は輸出ばかりする。３番目に、輸入はアメリカからしない。４番目は、日本は輸出製品を促進するための不当な為替操作をする。５番目としては、安全保障においてはただ乗りをしている。その五つの批判というのを、彼は30年間ずっとやってきているわけです。ですから、彼の国際経済に対する感覚というのは大体80年代から固定されています。

あと、彼が雇ったピーター・ナヴァロという人は、ハーバードで経済学の博士号をとったのですけれど、カリフォルニア大学のアーバイン校というところで教えていた人です。彼は経済学の博士号をとっているのですけれど、経済学ではなくて、ビジネススクールで教えていたのです。彼は中国に対して非常に厳しい本を書いていて、英語で書かれているのですけれど、彼もトランプ大統領と同じく、二国間の貿易赤字は問題があるというふうに考える人なのです。経済学者でそういうふうに考えている人はそれほどいないでしょうけれど、彼はそういう考えということです。

あと、ライトハイザーという通商代表ですが、実は私が通商代表部で働いていた85年から90年の間のうち2年間は、ライトハイザー氏が次席通商代表を務めていたのです。当時、通商代表部に3人次席がいまして、一人はジュネーブ、二人はワシントンD・C、私の上司のマイケル・スミスという次席通商代表が二国間の交渉担当で、私は彼のもとで日本と中国との交渉をしたのです。ライトハイザー氏は皮肉なことに、当時は他の担当だったのです。ですから私は彼と実際に交渉に参加したことはないのですが、ただ週に1回、月曜日の朝8時の通商代表の幹部会で、彼と毎週会っていたのです。

ライトハイザーは、２００８年の大統領選挙のとき、ジョン・マケイン共和党候補を非難する記事をニューヨークタイムズに出して、「一般的に共和党が自由貿易主義だという間違った印象を皆さんは持っているけれど、実際にアメリカの歴史を振り返ってみると、アメリカの共和党こそが、アメリカの労働者、アメリカの事業を守ってきた。私がレーガン政権の次席通商代表のときは、日本からの車の輸出を規制し、鉄鋼の輸出を規制し、半導体、スーパーコンピューター、モーターサイクル、これらを全部規制した。このことに私は誇りをもっている」という記事を書いているのです。ですから、トランプ大統領とライトハイザー氏は非常に保護貿易主義的な考え方の持ち主なので、市場開放より、むしろ輸出規制とか輸入制限的な政策のほうを好むのです。ですから、伝統的な考え方の共和党主義者なのです。

杉山　特に日本のように資源のない国にとってみると、石油資源を輸入しないと立ち行かないわけで、そうするとどこかで貿易収支のバランスを保たないと、全体としてバランスが生まれて来ません。二国間主義でバランスを取らないといけないと言われると、日本のような国はおそらく立ち行かなくなってしまうのではないかと強く懸念します。

次に出井さんにお伺いしたいのですけれど、ビデオの中で「デジタル・ドリーム・キッズ」というスローガンが出てきました。これを作られたのは実はＯＤＳという会社で、ヤンケロビッチ博士の調査手法を日本に導入した山口さんという方が創られた会社です。僕の親友で実は早く亡くなってしまった三浦君というのがいて、彼とそれからフクシマさんとフクシマさんの奥さんと一緒に、出井さんが社長になられたのでお祝い会をしようというので、みんなでお祝い会をしたのをすごく鮮明に覚えています。「デジタル・ドリーム・キッズ」を懐かしく思い出しました。

出井さんのお話は非常に面白くて、ネットの技術革新についてもう少し掘り下げていきたいと思っています。プラットフォーマーが大きな変化を生み出したということをおっしゃいましたが、もう少しその辺の話をしていただければと思います。

ネット技術革新について

出井　僕が言ったのは、プラットフォーマーは過去になっちゃったということです。それはインターネットの時代にできたもので、このプラットフォーマーが今後どのように変わっていくかというのが重要です。今から日本でプラットフォーマーを作ろうといっても無理です。だってグローバルではないし、そういう意味では、中国みたいに国を閉じてプラットフォーマーを3社作らせているのは、十何億の民がいるので出来ることなのです。日本は1億くらいの小さい国なのだから、そういう意味ではプラットフォーマーを作るのは意味がないというか、世界的価値があることとは思えない。

だから逆に言えば、インターネットというのは拡大拡大できたのだけれど、ブ

ロックチェーンというのは地方創生のように、要するに、小さい分局が可能なわけですよ。だからインターネットとブロックチェーンというのは相反するものです。明治維新のときに廃藩置県があったでしょう。今後は廃県置藩であるべきだよね。明治維新のときは、広島もそうだし長野もそうだけれど、要するに仲の悪いもの同士を県でわざと結びつけて、明治維新後にあまり動かないように牙を抜いてしまったのが廃藩置県なんです。日本をもっと小さな行政区分にすれば、もっと面白いと思うんですよ。日本が国としてブロックチェーンをやって、マイナンバーを無意味にする。それくらい日本が変わってくれると面白いけれど、今さらプラットフォーマーをやっても意味ないですね。

杉山　そうですね。クロスカップリングをやるべきだということでしたね。「OMO（Online Merge Offline）」ということをもう少し聞かせていただけませんでしょうか。

出井　日本はスーパーマーケットでもセブンイレブンでもかまわないけれど、大量に遠くでモノを作ってバーンと売るということをやっています。過去に日本が得意だったものづくりと同じことをやっています。要するに、オンラインーオフラインだったら、もっと地益的な地域密着型の展開が可能となります。どんなのができるかなとかそれが面白くて、わくわくします。そういういろいろな意味で、日本の若者たちも、個人も、変わらなきゃいけないし、企業も変化しなきゃいけない。さっきのジーンズのことですが、ジーンズの製造・販売のシステムも変わらなきゃいけないとおっしゃっていたけれど、まったくその通りですね。オフラインでモノだけ作って大量に売るという時代よりも、インターネットを使って双方向にすべきです。オフラインだと誰が買っているかも分からないでしょう。そういう意味で、トランプはビフォアーインターネットの人だからね。彼が一番たくさん使っている言葉に「ディール」という言葉があります。「このディールは……」と。ディールはとても短期のことだけになってしまう。でも経済ってもっと長いじゃないですか。不動産屋だったら言うのは分かるけれど、アメリカの大統領が「このディールは……」と言うのはおかしくて、ちょっとアメリカはおかしいんじゃないかと思うね。

フクシマ　トランプがおかしいのです。

出井　トランプがおかしい。でもそれをサポートしている人たちが、ラストベルトとかにいるわけじゃないですか、共和党の一部でしょうが……。しかし、選挙結果はクリントン夫人が負けたわけですね。

フクシマ　先ほど申しましたように、ＦＢＩ長官の書簡がなければ、あるいはロシアのハッキングがなければ、ヒラリー・クリントンが勝ったと思いますね。

実は、選挙の当日である２０１６年11月８日の朝のニューヨークタイムズは、クリントン候補が勝つ確率は85％あると考えていました。世論調査による選挙の予測は正確だと言われていました。ワシントンポストも、クリントンは93％の確率で勝つということで、本来だったらクリントンが勝つはずだったのです。ＦＢＩ長官が、10月28日にクリントン候補の国務長官時代のメールが発覚して調査を開始するという発表をして、それによってクリントンに投票しない人が出たというのが敗因の一つです。あともう一つは、ロシアが民主党本部の人、あるいはクリントン陣営のジョン・ポデスタという人のメールをハッキングしたことによって、クリントン候補に関する不利な情報をロシアがハッキングし、それをウィキリークスとかいろいろなところに出した。最近アメリカで出た本の中で、相当詳しくロシアのハッキングについて調査していますけれど、ロシアのハッキングというのは、７万７千票の差を生み出す結果を唯一説明できるというふうに見ていますね。

ただおっしゃる通り、そういう要素がなくても、本来だったらトランプみたいな候補がそもそも共和党の指名候補者になることがおかしいのであり、先ほど申しましたように、いろいろな社会的、経済的背景がある中で、トランプが政権をとってしまったのです。アメリカがおかしくなったというより、残念ながらおかしい指導者たちを選んでしまったというように、私は分析しています。

出井　でもそんなことを言ったら、ブレグジットだっておかしいわけじゃないですか。

ブレグジットと移民問題

エモット　ブレグジットもまさにそうです。もともと情報が国民にきちんと知らされていなかったという問題があります。ブレグジットというのはそれ自体が非常に複雑な問題であるのに、それに関して出てきた国民投票の質問がシンプル過ぎたというところがあります。ですので、そういうところで誤解を生じさせてしまったという疑いがあります。

この２年間をかけまして、国民投票のあとイギリスは、実際に我々はＥＵを離脱するぞ、ブレグジットすると言ったものの、ではそれが何を意味していたのかというところを盛んに議論しております。確かに何かをしようと決めましたけれども、では自分たちが何をしようとしていたのかというところが、はっきりと分かっていませんでした。

そして多くの人が、ＥＵを離脱するのは簡単なものだと思っていたのです。例えば、ハーバード大学を辞めるとか就実大学を辞めるとかといった場合のように、カ

バンに荷物を詰めて出て行けば済むという感覚だったのですけれども、実際にはそんなに簡単ではなかったということなのです。法律もありますし、いろいろな協定もあります。例えば、飛行機を国と国の間に飛ばすためにはどうするのか、物を動かすのに国家間でどうするのかと、いろいろなことを決めている規制というものもあります。また、イギリスには、北アイルランドというEUと接している国境もありまして、そこにも大きな影響があります。

もともとの一番の間違いは、国民投票をして決めてしまったというところなのです。大体昔からイギリスの人たちというのは、EUに入っているというのはあまり居心地が良くなかったのです。独立心を持って、自分たち独自でやっていきたかったという願望がありました。それはアメリカの人たちと一緒で、ほかの国の法律にアメリカが縛られるということはアメリカ人は嫌です。イギリスも全く同じような状況です。しかしながら、そういう組織に入っているとその恩恵もあるので、その恩恵は欲しかったというところがあります。もともと、EU離脱を国民投票をして決めてしまった。議論もしないでEUから出ざるを得なくなったというところが最大の問題です。

出井　質問があるのですけれど、僕はロンドンに行くたびに、タクシーのドライバーとかいろいろな人を見て、こんなにEUから移民があったのかなと感じます。E

Uは、はじめは7カ国くらいだったのがどんどん広がって、拡大したEU地域からロンドンに行きたいという人がすごく増えた。それを国民は嫌だったということではないのですか。

エモット　ロンドンの人口というのは1千万人なのですけれども、ロンドンの市内でしゃべられている言葉というのは180あります。ですので、本当に多国籍の人たちがいる街というのがロンドンです。ロンドンの面白い現実というのは、ヨーロッパの中でロンドンがもっともヨーロッパらしいというところなのです。つまりヨーロッパのいろいろな国籍の人がいるという意味で、非常にヨーロッパ的なところです。

非常に大きな問題というのは、イギリス国内のロンドン以外に住んでいる人たちが、移民の問題を大きな問題だと感じたというところなのです。この10年15年の間で、人口が大幅に伸びています。その半分の人たちがEUの南ヨーロッパから来ている人たちで、残りの半分が世界のほかの所から、アフリカだとかアジアだとかそういう所から来ている移民の人たちです。その移民に対して非常に否定的な見方をしているのは、ロンドン以外の地域の人たちなのです。この地域は失業率も高いし所得も低いというところがありまして、不確実性が高く、安心感がないというところがあります。それに比べて、ロンドンの人たちはお金を持っています。

フクシマ　一言申し上げたいのですが、アメリカも大体同じですね。要するに、移民が問題だということからトランプに票を入れる人がいることは事実なのですが、ただ、カリフォルニアとか結構移民が多い所は、反トランプの人が多いのです。むしろ、移民がいない所、特に経済的に恵まれていないとか教育レベルの低い所とか、あるいは失業者が出ているという所は移民に対する不安とかがあり、実際に自分では体験していないけれど、移民を増やすと被害を受けるという恐れみたいなものがある。だから、イギリスのブレグジットにしても、アメリカのトランプ現象も、不安あるいは不満を持っている人たちが反対していて、実際に移民がたくさんいる所が必ずしも反対していないということですね。政治家がそれを利用しているというか、不思議な現象がありますね。

杉山　日本人的発想かも分からないですけれども、日本が戦後70数年たって、やっと民主主義が少し定着してきたかな、あるいは定着しつつあるかなというときに、民主主義のチャンピオンであるべきイギリスとアメリカで、「これが本当に民主主義なの？」というような政治現象が起こることにより日本も含む世界が影響を受けるというのは非常に問題だと思いますし、世界にとっても、あまりいい影響を与えないのではないかと思うのです。

政治の話はちょっと置いておいて、出井さんの方からとても面白い話がありました。桃太郎というのはすごく大切だよという話なのですけれど、岡山市は第6次総合計画を1年前に作り上げていまして、その中に「桃太郎」という言葉を入れたのは私です。私がお願いして、大森市長がそれじゃあ入れようかということで賛同してくださったわけですが、実はそのあと「桃太郎」は日本遺産[17]に登録されました。タイミングが非常に良かったなと思っています。

95年のインターネットの大変革があって、それから20年ちょっとたって、ＩｏＴとかＡＩとかが来て次の世代に大きく変わりつつあると思うのですけれども、出井さん、その辺の変革の本質みたいなところは、いったいどういうところにこれからインパクトがあるのでしょうか。

デジタル革命と規制の問題

出井　要するに、インターネットというようなものが国を超えてどんどん拡散しているということですよね。中国だけは閉じていますけれどね。今、そういう面でトランプが中国を攻めているのは、もしかして米国のクレジット会社を中国に入れろと言っているのかもしれない。本当のところは分かりません。インターネットの次にブロックチェーンというのができて、これは止められないですね。ブロックチェーンはこれから非常にいろいろなところのビジネスに影響を及ぼしてくるということ

17. 2018年末で67の日本遺産が認定されているが、「桃太郎伝説」は64番目の登録となった。

だと思います。インターネットは国を超えているけれども、ブロックチェーンは逆に言えば、沖縄とか東ヨーロッパの国でデジタルで行政をやったり、国がやることを民間がやったり、大きく社会システムが変革されようとしています。日本は、インターネットのときに古い法律で行政が変化を止めてしまったのを、今度は止めないように行政はちゃんとやってほしいですね。そうしないと、また遅れたら、日本はどこかに置いていってしまわれますよ。

日本はモノが好きだから、ビルを建てたり、オリンピックだと何かを作ったりするのが好きだけど、実際はもうモノのトレードは古くて、データのトレードです。モノがアメリカに入ってから困っているアメリカ人はいないじゃないですか。だって、ＧＭなんてとっくに破産しているわけで、自動車会社だってデトロイトに１００社くらいあったのが、今２・５社と言われているぐらいです。そういう意味では、日本だって今自動車会社が８社もあるけれど、そういうのがヤバイんだよね。そういうところで産業が変わってくる。

デジタル革命で一番変わったのは、生産性の高い会社が伸びたということなんですよ。今は全部縦系列で作っています。そのためにシャープだって、数万の社員がいるでしょう。製造専門ですよね。中国に自動車を専門に作る会社ができてきています。ですから、ブランドとアイデアがあれば、そこでモノを作れるというようになっちゃう。となると、日本の会社がつぶれることを予想しなければならなくなるわけですね。そういう意味で、デジタル革命というのは生産革命でもあるわけで、生産革命というのはマーケティング革命であり、そういうことが数多く起こる。それにブロックチェーンが加わったらすごい破壊力です。日本はブロックチェーンを早く政府が主導すべきだと思うのですよね。

杉山　ありがとうございます。

フクシマさんにお伺いしたいのですけれど、いま出井さんがお話しになられたような「GAFA」（Google、Apple、facebook、Amazon の頭文字をつないだ造語）と言われる会社、特にアマゾンの成長がとんでもなく著しくて、その結果シアーズ[18]がつい最近破たんしましたけれども、いわゆる小売業がどんどん市場から撤退している。そういう中で、やはりビッグデータとかそういうものを持っている会社がこれから伸びていくと、出井さんと同じように見ていらっしゃるでしょうか。フクシマさんのお考えはどうでしょうか。

フクシマ　私も出井さんがおっしゃる通り、データの重要性はこれから社会でさらに伸びてくると思いますし、モノを作ることに関して日本は誇りを持っていて、ものづくりの国として、それはそれで素晴らしいですが、やはりソフトとサービスもこれから育てていかなければ国際競争には負けると思いますね。ソニーでもＩＢＭ

18. 1873 年に創業され 125 年以上の歴史のあるシアーズは 2018 年 10 月 15 日連邦破産法 11 条の適用を申請し、実質的に破産した。

でも、やはりものづくりだけでは将来はあまり明るくないという会社がほとんどだと思います。

一つ申し上げたいのは、私はビジネスを二十何年間やって来ました。それだけではなく、政府でも勤務した経験があります。アメリカ政府の戦略を考えて、非常に今危惧しているのが、アメリカで、私もワシントンＤＣとサンフランシスコ往復を何度もしているのですけれど、政府の中枢でワシントンのことをよく理解している人が非常に少ない。出井さんも先ほどおっしゃったように、普通に考えるとビジネスマンというのは政府がないほうがいい。政府というのは、規制をしたり税金をかけたり輸入を規制したり、いろいろ邪魔をするけれど、ビジネスと技術とマーケティングで勝負をしている企業の邪魔をしなければいいと考えている人が大半だと思うのですね。だけど、ある程度成長すれば、マイクロソフトもアマゾンもそうなのですけれど、どこかで政府とぶつかるわけです。

反トラスト問題[19]はアメリカでもよく取り上げられているのですが、例えば今のアマゾンの問題です。これだけアマゾンが強くなるということは、「反トラスト」などの経済についての考えを根本的に考えなおさなければダメだという動きがアメリカで一部にあるわけです。非常に有名な論文が数年前に出て、反トラストのあり方というのは１８９０年代が原点なのですけれど、それはものづくりとか石油の世界で、今のビックデータの世界では、古い反トラストの理論では実体経済を反映していま

19. 競争の制限や市場の独占をはかる企業合同（トラスト）を制限または禁止すること。

せん。アマゾンのような企業、あるいはフェイスブックでもグーグルでもアップルでも、場合によっては政府が規制しなきゃダメだという動きが結構出てきているわけですね。

その中で大きな問題は、逆にワシントンでは技術のことを知っている人が非常に少ないことです。特に今の政権はまさにそうですね。大統領自身の年齢が上だということだけではなく、例えば彼の司法長官も八十何歳の人です。要するに、周りの人たちに技術のことをよく知っている人があまりいない。ということは、政府が規制しようと思っても、変なかたちで規制してしまうという可能性が非常に高いと思うのですね。

あともう一つご紹介したい恥ずかしい例なのですけれど、アメリカ財務長官のムニューシンがある会議で、アメリカのジャーナリストに聞かれたときのことです。「あなたは財務長官として、ＡＩというのはアメリカの労働人口に相当これから影響を及ぼすと思われませんか」という質問に対して、ムニューシン長官は、「私は全然そんなことは考えてない」と答えたのです。それでそのジャーナリストが追求して、「しかし、ＡＩというのは労働人口に影響があるんじゃないですか」と聞いたら、「それは遠い将来の話だ」と。どれくらいかと聞いたら、「まあ、50年か１００年先」と答えたのです。これを聞いて驚いたのですけれど、財務長官がＡＩの影響が50年、１００年先までないと思っている。

極端に言いますと、今のワシントンの政府の幹部は、それだけＡＩ、ＩｏＴなどの技術のことを理解していないということなのです。これはアメリカにとっても恐ろしいし、世界にとっても恐ろしい。規制する側、政策を作る側の政府と、実際にビジネスとか技術のことをよく知っている人たちがもっと交流をして、もっとお互いの状況を理解しなければ、いずれにしても建設的な規制はできないですよね。

日本の場合は東京に集中しているということで、もしかしたらアメリカほど大きな問題ではないかもしれないけれど、本当に大問題だと思います。これはアメリカ国内だけの問題ではなくて、ヨーロッパとアメリカは、今けっこう対立がいろいろあるのですよね。ＡＩへの対応についてなどで。だから改善しなければダメな分野が、たくさんあると思います。ただ企業レベルで考えると、ＡＩ、ＩｏＴの分野というのは間違いなくこれから成長すると思います。

杉山　今のお話でエモットさんにお伺いしたいのですけれども、ビッグデータは当然、本来なら日本も考えなければいけないのですけれども、さっき出井さんとフクシマさんがおっしゃったように、ヨーロッパ、ＥＵがかなり神経質になっていて、つまり「ＧＡＦＡ」[20]は全部アメリカの企業なので、ビッグデータが全部アメリカに移っていくということになり、確かイギリスがデジタル課税[21]を始めるということを、つい最近発表されたと思います。多分、金額で見ると、５００億か６００億ぐらい

20. GAFA はグーグル（G）アップル（A）フェイスブック（F）アマゾン（A）の略で主要 IT 企業である。
21. GAFA などの国際的 IT 企業に課税する各国の政策。

のレベルだろうと思います。そういうことについて、コメントをいただけませんでしょうか。

エモット　私もフクシマさんのおっしゃる通りだと思うのです。実際に非常に力のあるプラットフォームの会社にとって、規制というのは重要な問題であると思います。ただ難しいのは、昔の例えばスタンダードオイルの独占あるいはモノポリーの問題のときには一般の市民からのサポートもありました。物価が高くなるのは嫌だということで、一般の市民のサポートもあったわけなのですけれども、例えばフェイスブックといった会社の問題というのは、みんな無料で使えると思っています。ですので、データの問題は困難な問題があります。

今、ヨーロッパのほうで盛んに話をされているのは、データの所有権は誰にあるのか、そして、プライバシーや個人データの保護の問題、それから税金の問題があります。

今の3つの中で、税金の問題というのが一番解決しやすいと思います。そしてこの問題に関しては、一般の国民からのサポートも一番得られやすいと思います。というのは、グーグルであるとか、アマゾンであるとか、アップルであるとか、非常に成功していてお金をもうけている会社があり、イギリスにおいても大きな事業を行っているわけですけれども、税金をまったく納めていません。だからサポートは得られやすいと思います。

そして次に、例えばデータのモノポリーの問題もあります。プライバシーの問題のほうは難しいと思います。特にプライバシーに対する個人情報に関しましては、今後ヨーロッパで将来的に大きな問題になると思われます。例えば、相手が誰であれ、政府であれ、情報機関であれ、会社であれ、我々がしていることをスパイすることができるのではないかということで、大変心配をしています。例えば、デジタルの機器を使う、あるいはＩｏＴを使う、あるいはカメラですらも双方向になっていて、私たちが見ているテレビを介して我々が監視されるということがあるので、ヨーロッパではこれは今後大きな問題になり得ると思います。

今後の技術開発なのですけれども、その便利さと信頼、それからプライバシーの保護というところを組み合わせていくということが主流になると思います。先ほど出井さんのほうからはブロックチェーンの話がありましたが、これも信頼というところに大きくかかわることなので、私もまったく同感であります。

そこで、私のほうから、杉山先生、出井さん、フクシマさんのほうにご質問したいと思うのです。例えば今ここにご参集の皆さんの中で、20人くらいの方がこれから起業されるのではないかと思うのですね。その際に、どういうことを考えて起業したほうがいいのかということでご意見を伺いたいと思います。もちろん、資金を提供してくださいとお願いするわけではありません。

起業する際のポイントは

出井　中国にはチャイナ・ヨーロッパ・インターナショナル・ビジネス・スクール[22]というのがあって、すごくレベルが高いのですけれど、そこに行くともう1対1で起業のトレーニングを3日間缶詰めでやっています。新しい人たちが新しい事業に取り組むのは、素晴らしいチャレンジなのですね。一つのポイントは、社会的ニーズがどこにあるか、お客様がどういうことを望んでいるかということをつかむ。次に、いいチームを作ること。さっき言った桃太郎のキジとサルとイヌみたいな感じで、いろいろな違う人たちが最小の人数でチームを組む。例えばデータを集める人、戦略を立てる人、実行する人のように、「チーム」が非常に重要だと思います。人数の問題ではなく、どう最適化するかなんですね。日本は理系が少なすぎるのです。だから、文系だけで会社を作っても、この時代にはなかなか難しいと思いますよね。そういう面ではチームづくりが最も重要です。それから社会的ニーズをつかんで、ゼロから1を起こす。ゼロから1を起こすということについてはいろいろな本が出ていますので、参考にして下さい。結果としては、成功した人も失敗した人も出てくることも事実です。

フクシマ　社会的ニーズから言いますと、私の知っているシリコンバレーの連中なんかは、やはり生命医科学というかバイオサイエンスに重点を置いています。その

22. 中欧国際工商学院（CEISS）は上海の浦東新区にあるビジネススクールである。

分野は、今も重要なのですが、これからは今まで以上に重要になるのではないかと言っている人が結構多いですね。もちろん薬の世界もそうなのですけれど、日本でも「100年時代の人生戦略」、そういうキャッチコピーが最近できたようですけども、やはり人は寿命が長くなるとどういうふうにして健康を保つかということで、健康寿命の分野というのは、これから非常に成長するのではないかなと思います。

杉山　さっきの出井さんがお話しされたように、やっぱり仲間づくり、いい仲間を作っていかなければならないと思います。桃太郎の話に出てくるイヌとサルというのは、実は犬猿の仲なのですね。つまりそれくらい違う人がいないと、似通った人だけが集まってやってもあまりうまくいかない。逆に言うと、桃太郎というのは非常に優れたリーダーで、仲間割れしそうな人たちをうまくマネージできるという意味では、非常に優れた才能を持っていらっしゃった方なのだろうと思います。多様な考え方をする人というのは、出井さんがおっしゃるように、やはり文理融合的な方向を考えていかなければいけないのだろうと強く思います。

出井　ちょっとすいません。さっきの話題に戻っていいですか。

杉山　はい、どうぞ。

出井　アメリカとヨーロッパと中国で、データに関しての考え方がまったく違うじゃないかと発言しました。中国は共産党1党で、軍があって政府があって、リーダーの習近平が今後もずっと指導しますと宣言しているでしょう。中国の人というのは、自分のデータを取られてもちっとも気にしていないのです。気にしないでいいという社会と言っても良いでしょう。これはものすごく大きくて、いろいろなことをこれからやっていけます。ヨーロッパとアメリカでは考え方が違っていて、いろいろなところでプライバシーのことについて、データが取られたら嫌だという国があるのに、全然そう思わない中国という国もあります。おそらくAIの数からいえば、アメリカよりも中国のほうが多いんじゃないかというくらい研究している。そういうことを考えると、国の経営という視点から考えると、AIで人を分析しながら人をマネージする中国というのは、結構有利なのではないかと思います。

　だから、ヨーロッパとかアメリカとか日本が、個人情報データが拡散され、「それは、それは」なんて言っているうちに、どんどん中国が分析してAIを活用している。もうすでにいろんな雇用者の数が減って生産性が上がってきています。中国も昔からそのようにやっているわけではないでしょう。中国はそういうふうに人が慣らされて来ていますから、中国に行ってみると、この3年、4年でみんなお行儀が良くなっています。僕が行ったら、地下鉄で「おじさん、替わりますよ」と席を譲ってくれるようになっています。みんな監視されているから、いい子になったんじゃないかなとも考えられます。いやいや、余計な話ですが。

杉山　中国は13億、ひょっとすると14億ぐらいいるのかもしれませんけれども、13億のビッグデータというのは、日本とアメリカとEUを入れてもはるかにデータ数は多いですよね。

出井　いやいや、重要なのはデータの数ではありません。データはスモールデータでいいんです。ビッグデータではなく、スモールデータを分析活用しているかどうかというだけです。大企業はビッグデータをどんどん欲しがると思います。それは規制しなければならないと思います。そういうことよりももっと周りの小さい店だったら、その店にどんな客が来るかとか、そういうような細かい分析をやって生産性を上げればいいですよね。

杉山　だんだん時間が迫ってきているので、最後に、冒頭でエモット先生から「日本はヨーロッパとかアメリカとか他の地域に比べて、割と政治的にも安定をしている」というコメントがあったんですけれども、森友・加計の問題とか、大臣のスキャンダルとか、書類の改ざん問題とかがあっても、たぶん世界的レベルで言うと、政治的には安定しているんだろうと思います。こういう変化の時代、ＶＵＣＡの時代でポピュリズムが出てきて、技術的にＡＩとかＩｏＴが出てきたような時代に、日本はどうすべきなのかということをお三方から結論としてお話しいただいて、その後、ご来場の皆さまから、少し質問を受けたいと思います。

　では、フクシマさんから。

日本にとって鍵となるのは教育

フクシマ　日本にお返しするかたちではないですけれども、二つあります。やはり日本は多様化する必要があると思います。多様化というのは、国際社会という視点から言うと、いろんな国と関係を持つこと。これは、日本政府は、いま結構一生懸命やっていると思いますけれども、先ほど申しましたように、戦後の冷戦構造の中では非常にはっきりしたかたちの西と東の対立があって、つまり、アメリカとソ連の対立というかたちの中で、日本はアメリカとの同盟関係の中でやってきたわけですけれども、やはり新しい時代にふさわしいかたちでほかの国との関係を強化する必要性があることが一つです。また、日本国内においても、たぶんそういう多様な社会、開かれた社会を目指すことも、ほかの国との関係を強化することになると思います。
　また、もう一つ私が考えるのは教育です。日本で22年間仕事をしている間、七つの日本の大学において、例えば常勤とかあるいは客員教授とかの立場で、またあるいは諮問委員とかの立場でいろいろ指導をやった経験があるんですけれども、日本の、特に大学の教育はもっとグローバルなかたちで展開していく必要があるのではないかと思います。例えばほかの国と技術の面で協力しようと思っても多様性に欠けています。私がある大学の先端科学技術研究所の理事をやっていたとき、驚いたことには、１００人ぐらいの研究員の組織なんですけれど、当時、外国籍の研究員は1人しかいませんでした。残り99人の日本人研究者の学歴を見ると、海外で博士号を取った人は3人しかいない。ＭＩＴ（マサチューセッツ工科大学）とCaltech（カルフォルニア工科大学）とコロラド大学ですけど、やはり先端的な研究あるいは開発をしようと思うと、日本の大学も、大学の教授とか学生とか、ほかの大学と交流をしていかないといけない。今、杉山先生もいろいろ努力されていると思いますが、それは、将来的には非常に重要なことではないかと思います。

杉山　ありがとうございます。

エモット　私も、フクシマさんがさっきおっしゃったように、本当に日本が他国との関係を強化していく、そして教育の強化というところが非常に重要で、グローバライゼーションを進めていくことが重要だと思います。

そして、一つ補足をさせていただきたいのですが、昨日私の学生向けの講義の中で、大きな問題があると言って話したことで、人材の活用、人材の管理という点があります。今、日本の大学卒の人数を見てみますと、過去と比べてものすごく増えているという状況があります。また、大学教育における男女の平等という点も、過去と比べてかなりよくなっています。それから、大学の質も、いろんな意味で批判をする方もいらっしゃいますけれども、過去と比べると質も上がっています。ところが、教育を受ける人が増えてはいるのですが、卒業した後に会社あるいは社会での人材活用があまりうまくいっていないところがあると思います。特に、最近は非正規のアルバイトのような人たちが増えているというところで、会社のトレーニング（研修制度）であるとか、人材に対する投資とスキルアップがうまくつながっていなくて、そこが分断されているという状態があります。

一つの大きな理由としては、会社自体のやり方が非常に硬直的であるというところもあると思います。ですので、人材の質が低い、あるいは給料が低いというふうな人たち、特に女性の場合はそうですけれども、そこからなかなか抜け出せないという状況があります。今後は、会社の雇用主と従業員の間の、新しい関係が構築できると良いと思います。ですから、組織の中において、もっと柔軟性のある関係ができることを望んでいます。

そして、会社自身もその雇用が短期であれ長期であれ、投資をし、教育をし、そして知識の習得ができるよう、きちんと取り組むことを望んでいます。そして、これから日本の女性たちがリーダーシップの役割を担っていく、そういう人たちの世代、これから20年、30年すると、リーダーシップの役割を担うようになると思います。そういう女性たちが、多様性があり、柔軟性があり、そして創造性のある新しい感覚を持って変化に対応してもらいたいと思います。

これは、先ほどから今日のフォーラムのテーマである、これから私たちが迎えるＡＩ、ＩｏＴの新しい時代にとって、非常に重要なことであると思います。

杉山　では、出井様。

出井　僕も教育の話なんですけど、日本の教育を変えなきゃいけないとワーワー言っても何も変わりません。まず、個人個人が変わってほしいと思います。「エデュケーション」というのは与えられるものです。要するに、学校でいくら点を取っても意味がない時代が来ているということです。好きなことを勉強する「ラーニング」のほうが重要です。「エデュケーション」というのは受け身だけど、「ラーニング」というのは自分の関心のあるものを勉強する。ゲームでもピアノでもバイオリンでも何でもいいのですが、自分の好きなことをとにかくグローバルにトップレベルに近づくまで磨く。それだけではなく、やっぱり「偏差値が大切だから……」とか言っているのではどうにもなりません。今、そこがまず変わってほしいということです。

それから、女性の活躍については、だいたい総理大臣が「女性が活躍しなきゃいけない」なんて言うよりも、民間でもっと女性を登用しなければいけません。先週、僕が北京に行ったときのことです。ＧＭ（ゼネラルモーターズ）の社長は女性です。僕のところに来て、「出井さん、ゼネラルモーターズのインディペンデントジェンダリーに貢献してくれてありがとう」と言われました。このような人がＧＭの社長なんです。それから、ＩＢＭの社長も女性です。

そういうことを考えると、日本で「女性が活躍しなきゃいけない」なんて言われていますが、女性の人たちが社長になるのに何年かかると思いますか。早く変わってほしいです。僕は、女性の執行役員と、割り勘で飲み会をやっています。野村證券では、いまは専務の方は女性ですし、ソニーも執行役員に女性は3人いるし、それから随分いろんなところで女性の執行役員をやっている方が増えてきています。頑張ってほしいと思います。

それからもう一つ、エモットさんの本にも書いてあったけれども、日本では、要するに安倍さんが結構メディアを脅かすから、メディアがおとなしくなっちゃって何も思ったことを言っていないんじゃないかという気がします。だから、学校改革をやって、今は働き方改革ですが、実際は自分の思っていることを言っている人は一人もいないです。だから、国民全体が忖度《そんたく》されちゃっている。これは何だという感じがします。本当にこんな国でいいんですか。もっと言いたいことを言えるような環境にならないと駄目です。やっぱり僕はこれは一種の恐怖政治だと思います。メディアが、みんなが当たり前のことを言って、つまらないことを一生懸命やっている。日本の地上波の番組だけを見ていたら、もう本当に時代遅れになりますよ。せめて、ＢＳで世界のニュースぐらいは見るべきです。本当に地上波の多くの番組は、どうしようもないなと思います。

それから、さっきエモットさんもおっしゃいましたが、この中から起業して、どんどん世界中から優秀な人が集まって、それを育てるような国にならなきゃいけないと思います。日本で一番困っているのは、ベンチャーが成長したときに銀行がお金を貸してくれないことです。ソニーも、僕が社長になったら、「出井さんは住友銀行の成城支店に口座を持っているけど、それをやめてください」と言われた。どうしてかと聞くと、ソニーが小さいときいじめられたから、住友銀行とは付き合ってはいけないことになっていると言っていたら、三井と住友が一緒になっちゃって、これはいったいどういうことなのかなと思いました。住友銀行とソニーは仲良くしていますけど、それって70年前にソニーができたときと同じようなことで、全然日本は変わってないんです。ベンチャーがお金を銀行に貸してくれと言っても、貸してくれないし、口座も持てません。だから、こんな国でいいんですかということです。ちゃんと変えていかなければいけません。

そういう意味で、日本のベンチャーで、いわゆる「ユニコーン企業」、つまり上場前に1千億円ぐらい価値のある企業は、去年は日本で1社ぐらいしかありませんが、中国では70社あります。ですから、日本のベンチャーはあまりにもベンチャーではないので「アドベンチャー（冒険）しましょうよ」と主張しています。大企業もアドベンチャーして、やっぱり次のセカンドピークであり、セカンドウエーブという違うところに進出しましょうよと。それすれば、ベンチャーと大企業が協力できるかもしれません。本当にまじめに、僕の残された人生を、そっちでやろうかなと思っております。以上です。

杉山　ありがとうございます。

たぶん、お三方にはまだまだお話ししたいことがいっぱいあると思いますけれども、時間がなくなってきております。せっかくなので、皆さま方から質問をぜひ受けたいと思います。お名前と、どなたへのご質問かを最初にいただいて、挙手をしていただきたいと思います。

日本社会の均一性をどう見るか

会場（松本）　松本と言います。主に出井さんにお尋ねしたいのですが、日本は世界的に見ると均一性の高い国ですよね。これは悪い意味にもなるし、いい意味にもなるし、これからの新しい世界というか新しい分野というところでちゃんとやっていくには、これはかなり大きな妨げになると思います。

その辺の、均一性を保ちながらやっていくことができるのでしょうか。それとも、対極的に、均一性を壊すために、他の人間、移民とかそういう人たちに来てもらうとか何かしないと、今のままで均一性を保っていたのでは、自由な発言というのもなかなか出にくい状態にあります。外国なんかだと、大概こんなフォーラムでもガンガン意見を言ってくる人が多いです。日本の会議では、しゃべる人は1人か2人で決まっていて、あとは会長が適当なことを言って、それでシャンシャンと決まってしまう。こういうところで、いくらベンチャーとかが頑張ろうとしても、なかなか難しいと思います。何か均一性との兼ね合いというか、それはどうなるのかなと思います。

逆に、均一性をあまりにも取らなかったら、政治的不安あるいは危険な状態になるかもしれません。いわば世界で見ても、治安などは均一性のない国というのは割と危険だと思うんです。命の危険とか、そういう危険があります。そういう面でも、均一性を維持するというのは、安全性を確保できることにもなる。そのあたりの部分について、ちょっと質問が分かりにくいかもしれませんが、日本社会の均一性と、そういう社会で新しいベンチャーを起こしたり、いろいろなところに進出するときに、どう考えれば良いのでしょうか。

出井　簡単にお答えします。一つ日本のいい点というのは、社会的に安定しているところです。社会的な安定と均一性はむしろ関係ないと思います。社会の安定性が非常にいい。それでも、外国人が入ってきたら何か均一性が変わるかというと、そんなに簡単に変わるとは思っていません。

　この前も、日本にいる留学生が会社に就職するために何百人も集まっているときに僕があぜんとしたのは、みんなリクルートスーツを着ていました。向こうがこっち側にアダプトしようとしています。外国人で日本に来ている留学生が、みんなリクルートスーツで、女性は黒、男性は背広を着てやって来ていました。それを見て、「あれっ、日本人のところに間違って来ちゃったのかな」と思ったぐらいです。しかも、面接は全部日本語でやっているわけです。それを見て、これはダメだなと思いました。企業が外国人を雇う場合、おっしゃったように、何か違うキャラクターを持った人が欲しいからです。でも、向こうの方が「日本はこうだ」ということで、全部服装までまねてしまう。それはやっぱり日本の文化を破壊しようとする意欲が弱いのかもしれません。

会場（松本）　同調圧力じゃないですかね。「寄らば大樹の陰」。同調圧力が高いということなのでしょうか。

出井　僕は日本の学校に行ってこうやって講義をして、質問が止まらなかったことがありました。それは、早稲田高等学院です。この高校では、理系と文系に分けるまでは質問がたくさんあったんです。帰してくれないくらい多くの質問が出ました。今は、理系と文系と早く分けてしまったので、極端に少なくなっています。このばからしさというのは、本当にやめてほしいです。

会場（松本）　それは、40年前に、私もリアルに感じておりました。

出井　そうだよね。みんなそこで同じような人になってしまいます。そのときに、早稲田高等学院で2人いい子を見つけました。今、大学院ぐらいで、その人たちが20歳以下で起業している。いろいろなフォーラムをやっていて、僕も呼ばれたりして行くんだけど、そういう意味で、やっぱりアメリカでのジェネレーションZも18歳以下とか、同世代の日本人というのは、そう捨てたものではないんじゃないか。ただ、日本のシステムが、文系・理系を分けて教育するのは問題です。人のせいにするよりも、社会の仕組みを変えなきゃダメだと思います。

杉山　ありがとうございます。ほかにどなたか。
　では、どうぞ。

経済の中でVUCAを生かすには――

会場（松岡）　松岡と申します。エモットさんにお伺いしたいのですが、お話の中で、VUCAというものが特に悪いものと捉えられているように思ったのですけれども、私はいまエンジニアリングの仕事をしている中で言うと、こういう「VUCA」、あいまいであるとか、流動性があるというのは、むしろこれから重要になってくる部分ではないかと思っています。経済の世界で、この「VUCA」というものを生かす方向について何かお考えをお持ちでしょうか。

エモット　まず、私自身は、VUCAを特にいいとか悪いとかというふうには思っていません。これは、今更出てきたというよりは、昔からずっとある状態だと考えています。
　経済という観点で考えるときに、VUCAは建設的な役割も確かに果たしていると思います。「破壊的創造」[23]という言葉もありますし、変化というのは起こしていかなければいけないものだと思います。通常の経済循環の外にあるものというのは変動性がありますし、古いものを壊して新しいものに取り換えるという局面がありま

23. ヨーゼフ・シュンペーターにより提唱された用語で経済の発展は新しい効率的な方法が古い非効率的な方法を駆逐するという新陳代謝を意味する。

す。２００８年の危機の前は、多くの人たちが政治は非常に安定していると考えていました。長く穏健な状態が続いていて、例えばインフレ率も低く、失業率が低いということで、満足し切っていたので、経済が変わる流れを邪魔しているというところがありました。

たぶん松岡さんは技術系の方でいらっしゃるので、今どうなっているかということを考えられるとご理解いただけると思うのですが、民主的な政治は安定性を求めます。経済の変化というのはエンジニアリングのようなもので、政治は経済が変えていくわけです。このような変動は望ましいものです。しかし、政治というのは、経済の変化を好ましいと考えないので、それに対して邪魔をしてしまう。そして、社会の人たちの反応としては、政治をサポートするというふうになります。ですので、社会的あるいは政治的なものと経済の変化というところでは、相いれないものがあります。

一番いい理論的な考え方としては、政治がこういう社会の変化をサポートするかたちにしていくことです。そして、ＶＵＣＡのある経済状態、例えば変動性があるとか、不確実である、そういうものに人々が対応できるように政治が手助けをするということが、あるべき状態であると思います。ですので、政治的な資源を使い、変化の調整をしていく手伝いをする。その資源を投入することが必要なんですけれども、なかなかみんなそのための資源や資金になる税金は払いたがらないという状況はあります。

会場（松岡）　ありがとうございました。

杉山　最後に、もう一つ質問をお願いします。

識者の声が届かないのはなぜか

会場（藤田）　藤田と申します。エモットさんと、できればフクシマさんにも見解をお願いしたいんですけれども、エモットさんのお話で、ブレグジットが誤った情報に基づいてそのような決定になったというお話がありました。とても印象的だと思いました。結局、今ポピュリズムの波というのは、不確実性が高過ぎるので、皆さんのような識者が管理するといいますか、いわゆるインテリジエンスを持った人の声がなかなか一般の人々に届かなくなっているのではないかと思います。ですから、人々が先を見越して、これが正しいだろうという選択をしてくれない。そういうフラストレーションを感じておられるのではないかと想像します。そういった想像は当たっているでしょうか。

　また、どうしたら、皆さまの声が届いていくような状況にできるとお考えでしょうか。

エモット　ビジネス的に考えていきますと、例えば情報を持っている人と情報を理解して解釈する人の間にギャップがあるわけです。ですから、私のキャリアの中で、ＶＵＣＡはチャンスだと思っているので、しっかり活用したいと思っています。

しかし、今の時代、パラドックス、逆説的な状況があります。過去の歴史のどの時代と比べても、今私たちの持っている情報というのは、情報量としてははるかに大きいのです。そして、その正確さという点では、過去のどの時点よりも比較的正確であると思います。それは、ＩＴ、カメラだとかスマートフォンだとか、そういうものが世界にしっかり流通し活用されているので、そういう状況が生み出されています。

しかし、情報過多という状況でもあります。あまりにも情報が多い。ですから、きちんと理解ができていないところがあります。その情報過多の状態と現状とにギャップがあり、ポピュリズムの危険性というのは、政治家がそこのギャップに対して、あまりにシンプルな回答、あまりにシンプルなソリューションを提供することの危険性だと思います。

実際に社会的なニーズとしては、情報を正しく理解していくというプロセスがあります。それに対し、情報を提供するサプライヤー（情報の提供者）がいます。情報の提供者は社会のニーズを満足させることができます。その役目を担っているのはメディアでもあると思います。私のような者もその役割を果たしていると思います。それ以外の形態もあると思います。そういうふうな供給者が、この市場に対してサービスを提供していくことができると思います。しかし、それを説明したり分析したりするときには、料金を支払わなければいけないということもしっかり説得していきたいと思いますが、そこが難しいところです。

少なくとも私自身の経験からいきますと、エコノミスト誌[24]に入社したのが1980年です。そのころのエコノミスト誌の出版部数は、25万部でした。今は、それが160万部に増えているということなので、少なくともそれだけ知りたいという需要があるということにはなります。しかし、世界が70億人の人口を抱えていることを考えると、マーケットシェアとしては非常に小さいといえます。

フクシマ　非常に大きい課題で、時間がありませんので簡単に申し上げますと、私はたぶん三つほど問題があると思います。

一つは、アメリカの南部の状態が典型ですが、初等教育をもっとしっかりしなければならない。有権者が、事実と事実ではないことを見分け判断する力が必要です。この教育機能をもっと強化しなければならないと思います。一般教養というか、判断力というか、分析力といいますか、教育の問題が一つの大きな課題だと思います。

もう一つは、やはりマスコミの問題です。これは、非常に解決しにくいことです。

24. 1843年にイギリスで創刊された国際政治・経済誌で世界で最も影響力のある週刊誌の一つ。

極端なポピュリスト的な発言をする政治家ほどマスコミが取り上げたくなってしまうので、ビジネスとしてのマスコミが成り立つためには、そういうことをしなきゃダメなところもあるので、これをどう乗り越えるかというのは大きな問題だと思います。

三つ目は、特に今回の２０１６年の大統領選挙の結果を見て感じるのは、ＩＴの乱用といいますか、具体的に言いますと、「ロシアが相当にアメリカの選挙結果を左右した」という結論が、かなり今はアメリカでは広がっていると思います。これは、ロシアだけでなく、将来的には中国・北朝鮮・イランなど、ほかの国もたぶんいろいろやろうとすると思いますので、ＩＴの乱用をどう防ぐかという規制の問題は、相当深刻な問題ではないかと思います。アメリカの中で一つの問題は、技術的にこういうことを防ぐための知識がある人たちというのは、必ずしも法的権限がありません。これをどう扱うかということが課題です。アメリカ政府内部でも、技術的にこういうものをよく理解する人たちと、法的にこれを規制する官庁が必ずしも一致していないので、この解決のためには司法長官の協力も必要になると思います。

先ほど申しましたように、特に行政レベル、あるいは議会レベルでこういう問題を十分理解している人が少ないということがあります。例えば、マーク・ザッカーバーグというフェイスブックの社長が、議会の公聴会に出席したとき、議会の議員たちの質問はとんちんかんな質問で、全くフェイスブックとかＩＴを理解していないということがあったのです。ですから、この三つの「教育問題」と「マスコミの問題」と「ＩＴの乱用をどう改善するか」というのは非常に大きい課題で、簡単に解決できる問題ではないと思います。

出井　時間がないので、最後に僕から意見を言わせていただきたいのですが、一つは、若い方とか年寄りとかそういうことは関係なく、ぜひピアノとか楽器を習ってほしいです。

なぜかというと、楽譜を読むことは、一つの言葉を覚えたというぐらい国際語なんです。楽譜の裏には数学があって、オーケストラを聴きに行くと、みんな音合わせしますよね。あれは、「Ａ」とか「ラ」の音なんですけれども、あれは４４０ヘルツサイクルです。楽器をやると、楽譜そのものがいかに数学でできているかというのがあって、それはピタゴラスの時代からそのように分析されています。音楽で脳が活性化されます。加えて、数学に興味を持つということです。

また、英語は最低でも勉強してほしいです。何のためかというと、プログラミング言語だからです。プログラミング言語はどんどん変わっていきますけれども、メールをやっていたりすると、脳の働きをよくするのです。だから、楽器をやって楽譜を読んで、英語を勉強して、ピアノをやって、プログラミング言語を勉強すると、本当に頭が良くなっていくのです。

僕は、今ピティナ（The Piano Teachers' National Association of Japan = PTNA）[25]の会長をやっています。僕は若いころからずっとバイオリンをやってきましたけど、そこで若い人たちを見ていると、すごく優秀な子に育つのです。そういう意味で、楽譜が読めてピアノが弾けるということは、一般的に世の中から「すごいな」と思われるけども、年齢には関係ありません。僕の友人も60歳から始めて、今70歳過ぎて人柄が変わってしまいました。そういう意味では、ぜひピアノと英語、楽譜を読むのとプログラミングを勉強するということをやればいいと思います。特に若い人たちには、ぜひやってほしいと思います。

杉山　ありがとうございました。もう時間が過ぎているので、私も簡単にサマリーを作ってきました。

この写真は岡山神社です。入っていくと右手に手水舎があります。手水舎に何が書いてあるか。こういう言葉が彫られています。意味の分かる方はいらっしゃいますか。これは、「有孚顒若《ゆうふうぎょうじゃく》」と読みます。意味は、「お参りの前に手を清めれば、お供えがなくても十分敬虔《けいけん》な気持ちを表せる」ということです。実は、これは明和の時代、約２５０年前、氏子が岡山神社に寄贈して作っています。つまり、これは易経の言葉なんですが、当時岡山に住んでいた庶民はそれが分かっていた。四條畷の神社にこれと同じ言葉が書かれていますけれども、それは門に彫ってあります。本

25. ピティナ（PTNA）は一般社団法人全日本ピアノ指導者協会で、16000 人以上のピアノの指導者からなる公益法人。

来なら、手水舎にこそこれを入れるべきです。それを250年前にしていた岡山は、すごい町だと思います。つまり、これを作ったということは、岡山はある意味では非常にレベルが高かったのではないかと自負しています。

3人のパネリストの方は、かなり教育の重要性を強調されました。福沢諭吉は明治の日本に西洋のデモクラシーという新しい考え方を紹介しました。『学問のすゝめ』の中で、「愚民の上に苛き政府あり」という西洋の諺を引用しています。彼の言わんとするところは、つまり、「私たちが選ぶリーダーがろくでもないリーダーであれば、やっぱりろくでもない政治が行われて、ろくでもない社会になる」ということです。エモットさんや出井さん、フクシマさんがおっしゃられるように、私たち一人一人がしっかり勉強してこつこつとやっていかないとデモクラシーは実現できないのだと思います。

今日は、3人のパネリストの方には本当に長時間、基調講演から始まりましてこのパネルディスカッションにも参加していただきました。ぜひお三方に盛大な拍手をお願いいたします。

閉会の辞

岡山県中小企業団体中央会会長　晝田　眞三

今更何を申し上げても新たな視点の追加にはならない思いますけれど、閉会ということで一言ごあいさつをいたします。

私ども岡山県中小企業団体中央会も本日の共催者の一人でございますので、閉会のあいさつのチャンスをいただいたのだと思います。われわれ中央会を構成しております会員の多くは歴史や伝統のある中小企業と、新しくこれから取り組もうという中小企業とがあり、「中小企業」というくくりだけが参加資格ということになっております。その点で、新しい、ここ岡山のスピリットという意識改革をすべきという本日のフォーラムは多くの会員の役に立つものだと思っております。

私は日ごろから、日本のマスコミは国内産業だと申し上げております。ということは、彼らの発信だけを信じていては間違えることがあるぞということです。世界的に著明なエモットさん、フクシマさん、出井さんのような方からお話を直接にお聞きできたということは大変有り難いことだと思います。認識を新たにできたというふうに思っております。

私どものことを少し申し上げますが、自動車部品を製造いたしております。三菱自動車の仕事がメインなわけですけれども、本当にいろんなことがございまして、今はルノー・日産グループの一員ということで、昨年4月に新しいアライアンスの組織が誕生しております。新しい分野では色々の組織ができておりまして、その多くのトップの方々は国籍が日本の方々もおられるし、もちろんフランスの方もおられるわけですが、イギリス人もおられるし、イスラエル人もおられるという組織構造になっています。自動車産業の多くの分野について、本当に幅広いグローバルな体制が求められているんだということがわかるわけです。アライアンスのトップの中に日本人が少ないということを残念に思っています。本日は変化の激しい時代、VUCAの時代を私たちは生きているのだということを再認識させていただきました。このフォーラムは、私たち一人一人が生きている今の時代を再認識する素晴らしい機会を与えてくれました。

今日は貴重な機会をいただきまして、ありがとうございました。

就実大学経営学部

現代社会が抱える多様な問題について、主にビジネスの観点から学ぶ学部。グローカルなマネジメント能力を身につけるカリキュラムで理論や実践を学び、ビジネスプロフェッショナルでありしかもグローカルな人材を育成する。グローカル人材とは、グローバルな視野を持ちながら、ローカルなニーズに対応できる人のこと。創立110周年を迎えた就実大学に2014年4月設置。

就実大学 / 就実短期大学 / 就実大学大学院

〒703-8516 岡山県岡山市中区西川原1-6-1
TEL：086-271-8111　FAX：086-271-8222
URL http://www.shujitsu.ac.jp/

VUCA《ブーカ》世界における日本の選択

2019年1月31日　初版第1刷発行

編　者――就実大学経営学部
監　修――杉山慎策
装　丁――佐藤豪人（HIDETO SATO DESIGN）
版　組――小林ちかゆき
編　集――金澤健吾
発　行――吉備人出版
〒700-0823　岡山市北区丸の内2丁目11-22
電話 086-235-3456　ファクス 086-234-3210
印刷所――株式会社三門印刷所
製本所――株式会社岡山みどり製本

ISBN978-4-86069-572-9　C0033